Modeste Weidendahl

Ich schenk euch Bendomin

Modeste Weidendahl

Ich schenk euch Bendomin

Erinnerungen

Bechtermünz Verlag

Lizenzausgabe mit Genehmigung des
Schneekluth Verlages für
Weltbild Verlag GmbH, Augsburg 1998

Umschlaggestaltung: Studio Höpfner-Thoma, München
Umschlagmotiv: Hans Engels, Fotograf, München
Gesamtherstellung: Ebner Ulm
Printed in Germany
ISBN 3-8289-0132-4

Für meine Kinder
Matthias
Andreas
Modeste Anna Valeska

Wer nicht vorangeht, bleibt zurück.
Wer zu dem zurückläuft, das er
verloren hat, geht rückwärts.

Augustin

Bendomin ist so groß wie die ganze Welt, ja es ist größer. Das kann nicht stimmen, die Welt ist genau ausgemessen, und es gibt keinen Ort, der diese unsere Welt bedeckt und noch darüber hinausreicht.
Ich kann tausend und eine Nacht erzählen von diesem Bendomin, und in den Erinnerungen an meine Kindheit, an meine Jugend vermischen sich Traum und Wirklichkeit zu diesem Bild.
Meinen Kindern Matthias, Andreas und Modeste erzähle ich nun die Geschichte von Bendomin. Täte ich es nicht, wäre es mir, als betröge ich sie um etwas sehr Kostbares, etwas so Kostbares, daß es mir das Herz abschnürte, müßte ich es verschweigen.
Ich erzähle nicht von den Eichelhähern und nicht vom Iltis, ich lasse die Kornblumen aus und den Klatschmohn und erwähne nicht die Eisblumen am Fenster, die mit ihren silbernen Farnblättern die Scheiben zuwucherten. Und wo bleiben die

Zigeuner mit ihren kleinen Wägelchen und den vielen Pferden und dem Lagerfeuer am Straßenrand? »Zíganki, Zíganki!« — wie ein Schreckensruf ertönte es über den Hof, und jeder verschloß die Haustür, wenn sie kamen und bettelten.
Was wurde aus dem Kieskönig in seinem weiten Flickenmantel und seiner Frau, deren Rücken so tief zur Erde gebückt war, in ihrer schwarzen Hütte in der Barkoschiner Heide, wenn sie ihre zwölf Ziegen gehütet, gemolken und zusammen mit den Hühnern in den Stall gescheucht hatten?
Sie alle lasse ich aus. Auch das Kind, das beim Theaterspielen hinter der Bühne im Gasthofsaal von Barkoschin verbrannte, als man das Märchen von den sieben Zwergen aufführen wollte. Ja, selbst Wattebärte und Petroleumlampen stecken voller Katastrophen . . .
Vielen tue ich Unrecht, weil ich ihnen keine Reverenz erweise, auch den ersten Schneeglöckchen, die ich unter dem Schnee zu Vaters Geburtstag hervorkratzte.
Ich mußte das meiste fortlassen, und so wurde mein Buch, wie ich es schrieb, ein armes Buch, genauso arm wie die Kaschubei, über die es berichtet. Und insofern mag es dann doch wieder stimmen: Bendomin war zu groß.
Bendomin war meine Heimat, Heimat, die in Polen lag, und das schien mir selbstverständlich und

nicht Zwang oder Bedrohung. Die Schlagbäume an der Grenze waren ein umständliches Ritual, mehr nicht. Diese Heimat war Hort und Schutz und schien für alle Ewigkeit gebaut und unzerstörbar. Sie dehnte sich aus bis nach Schönwalde in der Koschneiderei, nachdem Manuel und ich geheiratet hatten. Und eines Tages geschah das Unfaßbare, wir verloren sie, obgleich sie auf den Atlanten weiter verzeichnet war. Nein, Bendomin war kein Traum, Bendomin war Wirklichkeit.

Ich hieß ›Schäfi‹ — ›Wie geht's, Schäfchen?‹ — und war das letzte Kind meiner Eltern. Und weil meine Mutter nicht mehr ganz jung war, als sie mich bekam — vier andere Kinder hatten vor mir das Licht der Welt erblickt —, wurde ich in Danzig, als einzige in Danzig, in der Frauenklinik geboren. So stand auf meinem Geburtsschein nicht Rittergut Groß Bendomin, wie bei den anderen Kindern, sondern Danzig. Das änderte aber nichts an meiner polnischen Staatsbürgerschaft, die inzwischen auch meine Eltern hatten annehmen müssen.

In Wirklichkeit hieß ich gar nicht ›Schäfi‹, und dieser Name ärgerte mich von Jahr zu Jahr mehr, wenn alle Nachbarn fragten: ›Wie geht's, Schäfchen?‹

In Wirklichkeit heiße ich Modeste Elisabeth Charlotte Weidendahl. Ich wurde am 14. Januar 1919, wenige Monate nach dem Ende des Ersten Weltkriegs, geboren, aber wenn ich an meine Urgroßmutter Marie Alexandrine von Zitzewitz denke, die am 25. Oktober 1815 geboren wurde, so kommt es mir vor, als hätte der Rhythmus meiner Jugend und der meiner kindlichen Umwelt sich in nichts unterschieden von der ihren. Nur daß eben einhundert Jahre seitdem vergangen sind — in einhundert Jahren hatte sich in Westpreußen auf dem Lande nur wenig verändert —, und so gehöre ich eigentlich einer viel, viel ferner zurückliegenden Zeit an.

Ich hatte einen kleinen Eisbären, der war mal ganz weiß gewesen und hatte mal Haare gehabt, jetzt hatte er nur noch schwarze Knopfaugen, und ein Kaninchen hatte ich, Schnuckipucki, mit einem hellblauen Fell und rosa Ohren.

Wenn die Sonne am Horizont versank, die Dämmerung über die Büsche und unter den Bäumen daherkroch und es im Herrenzimmer auf der Ofenbank, wo meine Mutter saß und strickte, so schön schummerig wurde, dann spielte mein Vater mit mir ›Heiß und Kalt‹, und das schnuddlige Bärchen wanderte vom Papierkorb bis hin aufs Hirschgeweih, quer durchs ganze Zimmer bis auf den Gewehrschrank und hinter die alten Urnen, die beim Pflügen der Felder ans Tageslicht gekommen waren, und jedesmal war großer Jubel bei ›Schäfchen‹, wenn's Bärchen gefunden wurde. Wenn es dann dunkel war und man kaum noch etwas erkennen konnte und Mutters Strickzeug schon lange auf ihrem Schoß ruhte, dann durfte Franziska mit der Petroleumlampe hereinkommen und diese auf den Tisch stellen. Die Dämmerung war heilig, Petroleum kostete Geld, gespart wurde immer bei uns, und so gehört diese Stunde der wachsenden Schatten zu meinen schönsten Kindheitserinnerungen.

Heute ist der 19. April, du, Matthias, mein Ältester, hast Geburtstag. Die ersten Schwalben sind da, sie sind heil über die tiefverschneiten Alpen geflogen.

An einem 19. April im Jahre 1908 starb Marie Alexandrine Weisz, geborene von Zitzewitz. Sie war die Mutter eurer Urgroßmutter Hedwig Modesta und die Großmutter von Onkel Walther Nehring. Marie Alexandrine lebte, nachdem das elterliche Gut in Niedamowo hatte versteigert werden müssen, bis zu ihrem Tod in Bendomin, mit ihrer Dienerin Auguste Kusch, die merkwürdigerweise ›Bismarck‹ genannt wurde und durch ein goldenes Treuekreuz und ein Bild der Kaiserin Auguste Viktoria ausgezeichnet worden war. Deine Geburt, Matthias, und der Tod von Marie Alexandrine: dasselbe Datum, nur durch Jahre getrennt.

Onkel Walther meinte einmal, du sähest aus wie

der alte Johann Bogislav von Zitzewitz, der Dragonergeneral, Mariens Vater, mit deinen langen Haaren, die gelockt und breit auf die Schultern niederfallen — wie auf seinem Porträt vor 160 Jahren. Welch ungeheure Spanne Zeit lag über dem Leben dieser deiner Urgroßmutter Marie Alexandrine: 1814 wurde Napoleon nach Elba verbannt, in ihrem Geburtsjahr 1815 landete er wieder in Frankreich, und die Hundert Tage begannen. Freiheitskriege, Revolutionen, die Kriege 1864/66 und der Krieg 70/71 gegen Frankreich, der Beginn der ersten technischen Revolution, die erste Eisenbahn, das Röntgenbildwunder, Lilienthals erste Flugversuche, Telegrafie und Telefon, die Anfänge des Automobils — alles hat sie miterlebt und mitbestaunt, das Kaiserreich und seine Gründerzeit, Scheinblüte und erste Zusammenbrüche . . .

Sie wohnte auf Bendomin in dem späteren Beamtenhaus. Onkel Walther Nehring erinnerte sich gut daran: »Das Wohnzimmer der alten Dame war das Spiegelbild einer vergangenen Epoche. Silbern schlug die Standuhr unter einem Glassturz ihre halben und vollen Stunden. In Kristallgefäßen dufteten getrocknete Rosenblätter. Von den Wänden schauten Vorfahren auf uns Kinder herab. Ein leiser Duft von Lavendel schwebte über allem.«

Marie Alexandrine erlebte noch die Hochzeit und Ehe meiner Eltern — bis zum 19. April 1908. Einen Tag nach ihrem Tod wurde meine älteste Schwester Sabine geboren, bekamen Walter und Margarete Weidendahl ihr erstes Kind.
Es waren noch sechs Jahre hin bis zum Ersten Weltkrieg, noch sechs Jahre Prosperität, Aufstieg, Glanz, Hoffnung: Freude, Lachen, Geselligkeit, Straußenfedern auf großen Hüten, Eleganz der Uniformen, die schwarzen Husaren in Danzig, deren Chef Mackensen war, der Generalfeldmarschall. Kein Haß zwischen den Völkern, zumindest nicht in dem Maße, wie er später unter Hitler wuchs und geschürt wurde. Haß nur zwischen Polen und seinem ewigen Unterdrücker Rußland. Nicht Deutschland war Polens Urfeind — der war immer nur Rußland.
Ich sehe verblichene Fotos vor mir: Schades aus Niedamowo und meine Eltern am Vierwaldstätter See, weiße, schmale Röcke, schmale Schuhe, Sonnenhüte, Gebirgspanorama. Aber das war zehn Jahre vor meiner Geburt — mindestens.

Groß Bendomin im Kreise Berent war der Geburtsort meines Vaters. Ab 1919 hießen diese Orte Wielki Będomin im powiat Koszczerżyna, und sie lagen nicht mehr in Deutschland, sondern in Polen, im polnischen Korridor, wie wir

deutschstämmigen Einwohner die Landverbindung von Groß Polen nach Gdynia, am Freistaat Danzig vorbei, nannten.
Mein Vater ging in Berent aufs Gymnasium, war dort in Pension und mußte die Schule mit fünfzehn Jahren verlassen, da die Landwirtschaft damals durch die Aufhebung der Schutzzölle und sicher noch anderer schwerer wirtschaftlicher Einschnitte wegen in große Schwierigkeiten geraten war; viele Güter wechselten ihren Besitzer, und er mußte eine Lehre beginnen. Auf Wunsch seiner Mutter begann er den Beruf eines Zimmermanns zu erlernen, bis zum Gesellen, und besuchte anschließend die Baugewerbeschulen in Deutsch-Krone und Königsberg, bis er 1894 als Bauleiter und Techniker mehrere Anstellungen und Aufträge erhielt.
In der Zeit seiner Ausbildung und seines Militärdienstes besorgte ihm die Mutter, eure Urgroßmutter Hedwig Modesta Weidendahl, von der ich den Vornamen erhielt, den Hof und war wohl von früh bis spät auf den Beinen und schaute nach allem. Sie stammte von dem Rittergut Niedamowo, und ihre Mutter war jene Marie Alexandrine von Zitzewitz, die einen gewissen Weisz heiratete; Weisz kam aus Danzig und war Beamter auf Niedamowo.
Hedwig Modesta Weidendahl war eine breit ge-

baute, stattliche Frau mit starken Lippen und einem etwas mürrischen Gesichtsausdruck. Sie trug wie damals alle älteren Frauen einen langen wollenen Tuchrock, eine dunkle Bluse aus Tuch oder Taft mit hohem Kragen und an der linken Brust die unvermeidliche goldene Nadel mit dem goldenen Kettchen, an dem der Kneifer hing. Sie besaß eine ganz lange goldene Uhrkette, und die Uhr steckte im Gürtel; aus dieser Kette wurde dann später für uns drei Weidendahl-Mädchen, Sabine, Irene und mich, je eine Halskette gefertigt. Heute ist meine Kette schon wieder eine Generation weiter gewandert und bei dir, Modeste, die du denselben Vornamen trägst wie ich, gelandet.

Hedwig Modesta war allgegenwärtig. Es ging so ein Spruch um unter den Leuten, den Arbeitern, wenn sie mal eine Pause machten — das geschah ja früher viel öfter als heute, es wurde aber auch unendlich viel langsamer gearbeitet —, dann sagten sie: »Nu denk wi, wi sin alleen, da sitzt sie hinter dem Struck und sieht allens!« Mit dem Struck meinten sie den riesigen Strauchhaufen, der ständig hinten auf dem Hof lag, und wann immer mal ein Mann Zeit hatte, mußte er dort das Kleinholz für Öfen und Herde hacken.

Sie muß eine ebenso tüchtige wie strenge Frau gewesen sein und recht schweigsam dazu, meine Großmutter. Vom Großvater, eurem Urgroßvater Ernst Gottlieb, weiß ich wenig, er starb auch schon im Jahre 1913, war also lange vor meiner Geburt tot. Von ihm weiß ich nur, daß er im Krieg 1866 nach Danzig einberufen worden war, wo er die Cholera bekam, sie aber überlebte und als Secondeleutnant entlassen wurde. Im Jahre 1868 verkaufte er dann sein Gut Posilge in der Nähe von Elbing und erwarb das Rittergut Groß Bendomin. Im Krieg 70/71 gegen Frankreich wieder eingezogen, kam er an die Front und wurde als Premierleutnant verabschiedet. Von nun an widmete er sich der Landwirtschaft, saß an jedem warmen Sommerabend auf der Holzveranda und trank seinen Rotwein. Gesprochen wurde dabei kein Wort. Dies hat mir Onkel Walther Nehring erzählt, der als Junge fast alle Ferien auf Bendomin verlebte, denn das Gut seiner Eltern wurde damals in den landwirtschaftlichen Notjahren ebenfalls verkauft. Onkel Walther (mit h) ging dann mit meinem Vater, dem ›Walterchen‹ (ohne h), auf die Jagd und wurde in die ersten Geheimnisse des Waidwerks eingeführt, er schoß auch seinen ersten Hasen in Bendomin am Barkoschiner Berg.

Mein Vater hatte ab 1900 die Bewirtschaftung des Gutes übernommen, weil sein Vater krank geworden war. Ernst Gottlieb hatte einen Schlaganfall gehabt und konnte beim Gehen nur langsam

dahinschlurfen. Hedwig Modesta hielt jedoch durch Energie und Sparsamkeit und den Einsatz einer ihrer Hypotheken, ihres Hochzeitsgutes aus Niedamowo, mit ihrem Sohn das Gut beisammen.
Schwere Zeiten, schlechte Zeiten damals, als man für die Industriearbeiter ausländisches Getreide ohne Zoll ins eigene Land ließ. Aber dem ›Dragoner‹ — so wurde Hedwig Modesta schon als Kind in Niedamowo genannt — und ihrem Sohn Walter gelang es, Bendomin der Familie zu erhalten.
Als ihr Mann gestorben war, blieb sie die Besitzerin von Bendomin; mein Vater war zu ihren Lebzeiten lediglich ihr Pächter. Viele Jahre nach ihrem Tod kamen immer noch Briefe an Jadwiga Weidendahl, denn Hedwig heißt auf polnisch Jadwiga.

Der Tod der Großmutter ist das erste große Erlebnis, an das ich mich bewußt erinnere.
Ja, ihr Tod.
Alles war voll großer Unruhe um mich her. In der Diele drängten sich die Leute, wer sonst auf dem Hof oder auf den Feldern war, war im Haus, und ich krabbelte zwischen den Knien und Stiefeln herum, bis mich auf einmal jemand ergriff — vielleicht war es Pallasz, der Vogt — und sagte: »Willst du sie sehen?« Ich weiß nicht, wen er

meinte, er hob mich hoch auf die Schulter und trat mit mir ins Wohnzimmer, das auch ganz voller Leute war, und sagte: »Dort ist sie!« Ich sah sie nicht, ich sah Blumen und Kränze, Blutbuchenzweige und Büschel von Narzissen; der Duft von Kerzen vermischte sich mit dem von Tannenzweigen, die den Boden bedeckten, und ich sah etwas Großes, Längliches, Dunkles erhöht stehen: viele Köpfe, Unruhe, Geschiebe, und wieder war ich zwischen den Knien der Leute.

Dann versank alles in Frieden, das Haus war still, der Hof war still, auf den Feldern rührte sich nichts, der Garten duftete — nur Opi war da. Opi war meine langjährige Kinderfrau. Opi und ich gingen unter die große Esche, stellten uns an den Zaun und schauten zur Chaussee Berent—Koszczerżyna hinaus und hinüber zu unserer Pflasterstraße und warteten auf die Kutschen und Wagen, die aus Berent kommen sollten. In Koszczerżyna war der evangelische Friedhof, und dort, unter Buchsbaumhecken und Lebensbäumen, lagen Großvater Ernst Gottlieb und das vierte Weidendahl-Kindchen, das schon nach wenigen Lebensmonaten gestorben war, die kleine Marianne. Wir schauten und warteten. Im Westen zog eine Gewitterwand hoch, und es begann zu dunkeln. Das kleine Bildchen mit den spielenden Hunden unter dem großen Baum zeigt die

Stelle, wo Opi und ich damals vor dem Gewitter standen und warteten. Doch niemand kam. Längst lag ich im Bett, ich schlief noch im weißmetallenen Gitterbettchen zu Füßen meiner Eltern in deren Schlafzimmer. Doch plötzlich kam jemand hereingestürzt, riß mich aus dem Bett, sagte, der Blitz hätte eingeschlagen, am Kronleuchter im Eßzimmer seien die Flammen niedergezüngelt, die heimgekehrte Familie hätte gerade beim Abendbrot gesessen und meine Schwester Irene wäre mit einem einzigen Satz vom Tisch aus durchs Fenster ins Freie gesprungen. Das machte einen ungeheuren Eindruck auf mich, und ich sehe sie meine ganze Kindheit hindurch, wie weiland Münchhausen auf der Kanonenkugel reitend, mit oder ohne Stuhl durchs Fenster in den Garten springen, und das in einem Satz. Unser langer Eßtisch stand bestimmt zwei Meter vom nächsten Fenster entfernt. So wurde damals schon meine Schwester Irene in meiner Vorstellung zum nie erreichten Vorbild. Außerdem konnte sie am besten Räuber und Prinzessin spielen, und sie fegte durch die stachligsten Büsche, als seien es Weidenkätzchen. Immer hatte sie knallrote Backen und fürchtete sich nie vor etwas. Nur der spektakuläre Abschied von Großmutter Hedwig Modesta, beim Abendbrot der Familie mit Donner und Blitz, hatte sie in die Flucht getrieben.

Das Datum auf der Suppenkelle

Auf dem Nachbargut Groß Preetz, das ungefähr fünf Kilometer von Bendomin entfernt in Richtung Berent lag, lebte eine Familie von Blumenfeld. Es war ein großes Gut mit einer Brennerei, wo aus Kartoffeln Spiritus gewonnen und auch eine eigene Stromanlage betrieben wurde. Der alte Blumenfeld hat gern und gut getrunken, denn von seiner Nase wird berichtet, daß sie dunkelbläulichrot verfärbt war. Die Blumenfelds hatten einen Sohn und zwei Töchter, und diese beiden Mädchen wiederum hatten eine sehr hübsche, zarte, junge Erzieherin. Sie hieß Margarete Eder und war in Danzig am 22. März 1884 geboren, wo sie die höhere Schule besucht hatte, die Viktoriaschule, die auch ich später besuchen sollte — vermutlich hat sie dort auch ein Erzieherinnenexamen bestanden. Walter Weidendahl sah seine Margarete zum erstenmal auf einem Klubfest in Berent. Er verliebte sich ganz, ganz heftig in sie und liebte sie bis zum Tod mit seiner ganzen

Seele, und als sie dann 1941 starb, war er nur noch ein halber Mensch, der wohl brav weiterlebte und seine Pflicht tat, dem aber das Herz gebrochen war. Großmutter Hedwig Modesta Weidendahl und ihrem Mann Ernst Gottlieb, dem schweigsamen Rotweintrinker auf der Holzveranda, war diese Liebe sicher nicht so angenehm, hätten sie doch für ihr Walterchen eine bessere Partie ersehnt: eine der vielen Töchter der anderen Nachbarsgüter, die etwas mehr in die Wirtschaft eingebracht hätten als Anmut, Freundlichkeit und Lebensklugheit.

Walter und Margarete Weidendahl heirateten am 21. Februar 1907, das Datum steht auf unserer großen Suppenkelle. Die Hochzeit wurde in Danzig im Schützenhaus gefeiert und war ein großes Fest, denn meine Mutter allein hatte vier Geschwister: Traude, Max, Käthe und Charlotte, und mein Vater hatte noch eine Halbschwester, die gute Tante Marie Spielmann-Paetzold, die Mutter von den so lieben Tanten Paetzis, die euch Kinder immer so reich beschenken, von dem wenigen, das sie haben. Tante Ilse Paetzold, Maries Tochter, ist wiederum meine Patentante.

Margarete Eder war die Tochter des Fleischermeisters Wilhelm Eder in Danzig und seiner Frau Valeska, geborene Zielke, die aus Preußisch Stargard stammte. Der Name Eder war in Westpreußen ein ungewöhnlicher Name — vielleicht gehörten die Eders zu den Protestanten, die bei der Gegenreformation das Salzburger Land verlassen mußten? Erst 1732 war der letzte große Schub ausgewandert nach Norden, und ein Teil hatte in Ost- und Westpreußen gesiedelt und eine neue Heimat gefunden. Über dreißigtausend Menschen verließen damals das Salzburger Land unter seinen damaligen Regenten, dem Grafen Harrach und dem Grafen Firmian. Leider habe ich den Ederschen Stammbaum nur bis 1800 zurückverfolgt — 68 Jahre fehlen an dem Beweis, daß die Eders aus dem Salzburgischen stammen. Hätte ich ihn erbringen können, hättet ihr Kinder — es gibt ein solches Privileg! — einen Freiaufenthalt von der Stadt Salzburg erhalten.

Die Eders hatten ein großes Fleischergeschäft in Danzig am Buttermarkt. Ich entsinne mich natürlich erst ihrer Wohnung in der Trojangasse, hinter der Milchkannenbrücke und Neugarten ging's links ab; Trojan war ein Danziger Dichter, der viel am ›Simplizissimus‹ mitarbeitete, nach dem war die Gasse benannt. Großvater Eder hatte damals schon lange kein Geschäft mehr, er war Obermeister der Innung und ging viel spazieren, immer eine brennende oder erloschene Zigarre im Mund. Er war ein großer und gut aussehender Mann, mit einem weißen Bärtchen unter der

Nase. Seine Frau Valeska aber war von unübertrefflicher Schönheit, so habe ich es jedenfalls als Kind empfunden, als ich Bilder aus ihrer Jugend sah. Sie sah aus wie Greta Garbo, hatte die gleichen tiefliegenden Augen, nur ein schmaleres Gesicht. Diese Frau verlor Großvater Eder im Jahre 1926, und nun führte ihm Tante Toni, Großmutter Valeskas Schwester, den Haushalt.
Großvater Eder war ungeheuer reiselustig, was mir staunenswert vorkam. Bis ins hohe Alter hinein reiste er jeden Sommer in eine andere deutsche Landschaft. Er hatte auch Latein gelernt, muß also ein paar Jahre auf dem Gymnasium gewesen sein, was eigentlich nicht zu seinem Beruf zu passen schien, denn welcher Fleischerlehrling — Großvater war 1849 geboren, und seine Jugend lag so weit zurück — wäre damals wohl Gymnasiast gewesen?

Wir in Bendomin verreisten nie, mein Vater fuhr höchstens einmal im Jahr für zwei Wochen nach Zoppot zur Kur, nahm dort gegen seinen Rheumatismus Moorbäder und trank mit Max Flier, seinem Freund aus der Lehrzeit, ein Bierchen, ging den Seesteg auf und ab und langweilte sich entsetzlich ohne sein Bendomin, seine Familie, seine Jagd, seine Fischerei, seine Pferde, Kühe oder sonstwas.

Meine Mutter wäre auch gerne verreist, durfte aber höchstens zur Kur nach Wildungen oder Karlsbad. Von dort brachte sie mir einen Federhalter mit, aus Elfenbein oder einem elfenbeinähnlichen Material, der war für mich ein Wunderding, hatte er doch in der Mitte eine winzige durchsichtige Scheibe, und wenn man da hindurchguckte, sah man Bilder von Karlsbad. Und wenn sie nach ihrer Kur wieder nach Hause kam, machten wir ›Karlsbader Hüpfen‹: Wir faßten uns an den Händen und hüpften die Gartenwege entlang, statt wie sonst brav zu gehen — damit die Gallensteine wegrutschten! Und das taten wir immer, wenn wir um ein Uhr mittags mit einem Körbchen voller Körner auf den Hof gingen und die Hühner, Enten, Puten, Perlhühner, Tauben und Spatzen fütterten.

Danach legte meine Mutter sich zur Mittagsruhe hin, bis es um drei Uhr Kaffee gab, Malzkaffee natürlich. Nur mein Vater bekam ein Kännchen Bohnenkaffee, wegen seines Herzens. Butter und Brot und verschiedene Sorten Marmelade standen auf dem Tisch, oder Kuchen, wenn Gäste erwartet wurden. Natürlich war alles selbstgemacht, das Brot, die Marmelade, und immer gab es einen stillen Kampf zwischen uns und dem sparsamen Vater, denn er wollte nie, daß wir Butter *und* Marmelade aufs Brot schmierten. Es hieß:

entweder das eine oder das andere, aber wir mogelten uns schon durch und hatten meistens beides auf dem Brot. Immer war im Sommer unter den schattigen Linden vor der Glasveranda an der Südseite des Hauses der große runde Tisch gedeckt, und immer waren zu den Ferienzeiten sicher zehn oder zwölf Leute bei uns versammelt. Jede Mahlzeit hatte ihre feste Stunde, ja, ich muß sagen, ihre feste Minute, nur das Frühstück bildete eine Ausnahme, da konnte jeder kommen und gehen, wann er wollte.

Wir waren vier Kinder: Sabine, Irene, Joachim und ich, Modeste. Ich stamme also aus einer ›kinderreichen‹ Familie, so würde man heute sagen. Der Altersunterschied zwischen uns Geschwistern war recht groß; während ich aufwuchs, gingen meine Schwestern schon in Danzig zur Schule, mein Bruder ebenfalls. So war ich meistens allein, außer in den Ferien, und erst in Danzig kam ich sozusagen unter Menschen.

Meine Schwestern, die etwa zehn Jahre älter waren als ich, meinten fortwährend, ich dürfe alles, sie hätten, als sie klein waren, all das nicht gedurft. Nun besinne ich mich auf nichts, was sie nicht durften, ganz im Gegenteil, bei mir stand es fest: Die Großen dürfen alles, ich, die Kleine, nichts. Oder muß ich ihren Behauptungen entnehmen, daß ich der auserkorene Liebling meiner Eltern war? War ich es wirklich, oder lag es daran, daß ich das Nesthäkchen war, eins steht fest: meine Mutter und ich liebten uns so innig, daß nie in unserem Leben ein Riß oder Spalt war, nie irgendeine abweichende Meinung zwischen uns beiden stand; ich war die Knutschmarjell, die immerzu Küßchen gab und auch immerzu Küßchen bekam. Es war vollkommener Friede zwischen meiner Mutter und mir, Kampfstimmung kannte ich nicht, es war nichts da, worum es zu kämpfen galt. Anders war das schon bei meinem Vater, um ihn gingen wir alle immer in einem Bogen herum, um nicht doch versehentlich irgendwo, irgendwie anzuecken. Und die ersten Zigaretten rauchten wir alle heimlich im Garten, damit wir nicht nach Tabakrauch stanken, wenn wir am Sommerabend ins Haus traten.

Meine beiden Schwestern waren blond und blauäugig, nicht dünn, angenehm in rosa Haut gehüllt, alles an ihnen war weich und glatt. Mein Bruder Joachim hatte dunkle Augen wie ich und meist einen etwas schwermütigen Gesichtsausdruck, ohne daß er schwermütig oder traurig gewesen wäre; nachträglich scheint es mir, als hätte das Schicksal, das er erleiden mußte, schon während seiner ganzen Jugend wie ein unsichtbarer Schatten hinter ihm gestanden.

Jeden Sonnabend war Badefest. Da wurde mit heißem Wasser nicht gespart. Der Badeofen bullerte, und mein höchster Traum war, mit Joachim zusammen in der Wanne sitzen zu dürfen. Aber ach, auch der, sechs Jahre älter als ich, mochte das nicht; er war eben auch schon zu groß für mich. So plätscherte ich dann alleine drin herum und sah zu bei dem Drama, das es gab, wenn meiner Schwester Irene die langen lockigen Haare gewaschen wurden. Meistens kam ihr dabei Seife in die Augen, und wenn das überstanden war, wurden die noch nassen Locken durchgekämmt, das muß sie fürchterlich geziept haben.
Ja, sie waren alle zu alt für mich. Und spielen mochten sie auch nicht mit mir, außer es handelte sich um ›Räuber und Prinzessin‹, daran nahmen alle mit Leidenschaft teil, und Krocket mit Vater unter den Linden am Sonntagvormittag.
So beschränkte sich meine Rolle als der ›Fratz‹ und die ›Kleine‹, die ich war, aufs Anstaunen und Beobachten der Großen: wie sie sich putzten und die Augenbrauen nachzogen, wenn ein Tanzfest bevorstand; wie sie sich die Nägel mit dem rosa Puderstein einrieben und mit dem Wildlederpolsterchen polierten; wie sie sich ärgerten, wenn da und dort die Achselträger unter den ausgeschnittenen Kleidern vorschauten — wo waren die Sicherheitsnadeln? —, und wie sie sich die Nase pu-

derten. Sabine hatte einen kessen Herrenschnitt, vorne eine Tolle in die Stirn gekämmt und hinten die Haare kurz wie ein Junge. Irene trug einen Knoten im Nacken, sie war prächtig füllig, ich glaube, darüber ärgerte sie sich immer. Sie hatte ein Koffergrammophon, das war damals das Neueste. Wenn ein Fest war, stand es in der Diele auf dem runden Tisch in der Ecke, wo sonst der Postbote die Briefe und Zeitungen hinlegte; ich durfte es aufziehen und neue Platten auflegen, es klang recht blechern, und dann tanzten sie, meine Schwestern und ihre Freunde und die andern Nachbarskinder, die alle im Alter zu ihnen paßten, nur nicht zu mir. ›Ja, was machst du mit dem Knie, lieber Hans, beim Tanz?‹ oder ›Kennt ihr die drei Schweinchen nicht, die mit dem lachenden Gesicht?‹ spielte das Grammophon, und ich hörte zu und guckte mir alles genau an, wie bei einer Aufführung. Nur beim Essen, da war ich ganz dabei. Zwischendurch jagte ich die Hunde hinaus oder war in der Speisekammer, wo die Wirtin, gebeugt über eine große Wanne voller Eisstücke, die mit Viehsalz bestreut waren, die Eismaschine drehte, damit die leckere Masse aus Sahne und Früchten in der Trommel gefror.

Eines Tages kam Hildegard in unser Haus, um mich zu unterrichten — bis dahin hatte meine

Schwester Sabine versucht, mir das Abc beizubringen. Hildegard kam aus Lodz und war einfach süß. Da es nichts Süßeres auf der Welt gab, steigerten wir das ›Süß‹ in ›Süßer‹, und da alles an ihr neben ihrer Freundlichkeit, Hilfsbereitschaft und Aufmerksamkeit so klein, so zierlich, so braun, so lockig war, hängten wir an das ›Süßer‹ noch ein ›-chen‹, und nun hieß Hildegard bis ans Lebensende ›Süßerchen‹. So lebte und träumte ich zwischen Süßerchen und meiner Mutter dahin, die Geschwister waren nur dann und wann noch daheim, und mein Bruder Jochem, Hildegard sehend, verlor sofort sein Herz an sie — kein Wunder.

In den Ferien guckte die große Welt zu uns herein. Es waren die Geschwister meiner Mutter, die alle so viel lachten und so viel Interessantes zu erzählen wußten. Onkel Max, der Ingenieur, erzählte von Rio; Onkel Franz, der lange in Shanghai gelebt hatte, von China, wo ihm und Tante Lotte zur Tochter Ursel noch ein Sohn geboren wurde: Rolf, der dann auch fallen mußte im Krieg. Tante Käthe Eder, Oberschwester im Virchow-Krankenhaus, kam aus Berlin — »Kinderchen«, sagte sie, »ich verstehe gar nicht, daß ihr immer gleich heiraten müßt!« —, und die Paetzis hatten ebenfalls wie Onkel Max und Onkel Franz weite Reisen ins Ausland gemacht und dort auch gearbeitet. Aus Thorn — das für mich noch weit genug war, um ›große Welt‹ zu sein — kam Onkel Konrad Rapke. Er stand in meiner Achtung besonders hoch, hatte er doch den Mont Blanc bestiegen. Welch eine ungeheure Tat! Und wenn es seiner Frau, der anderen Tante Käthe (geborene Weidendahl), in Westpreußen im Winter immer zu kalt war — kein Wunder, ich finde heute auch alle Winter zu kalt — und sie deshalb oft nach Ägypten fuhr, so war dies für mich wie ein Märchen aus dem Morgenland.

Auf Jagd gehen und zum Baden fahren im Kremser nach dem Kaffeetisch waren so nicht mehr die einzigen Ablenkungen, die ich hatte, es gab plötzlich Ereignisse, die nicht mit Bendomin zusammenhingen.

Die aber, die dies alles erlebt hatten, schienen gar nicht betrübt darüber, daß die Welt so groß war. Ohne diese große Welt hätten sie die Ferien, die sie in Bendomin verbrachten, wohl kaum ausgehalten; so aber genossen sie die Stille, die Einfachheit, einen Horizont, den man ständig unverändert vor Augen hatte, und seine Begrenztheit.

Sie erholten sich gut und waren dann wieder für ein Jahr verschwunden, bis ein neuer Sommer anfing und Erdbeeren und Kirschen reiften.

Noch ist Polen nicht verloren

Wybicki, Josef, polnischer Staatsmann, geb. 1747 auf Groß Bendomin bei Danzig, gest. 1822 ... Als Flüchtling in Ungarn schloß er sich der Konföderation von Bar an und kehrte nach der ersten Teilung Polens nach Warschau zurück, wo er Andrzej Zamojski bei dem Entwurf eines neuen Gesetzbuches unterstützte ... Nach der Erstürmung von Praga ging er nach Frankreich, dann zurück nach Preußen und lebte nach der Konfiskation seiner Güter in Breslau, bis Napoleon I., nach dem Siege bei Jena, Dombrowski und ihn mit der Organisation eines polnischen Heeres und einer polnischen Verwaltung beauftragte. Nach Errichtung des Herzogtums Warschau wurde er zum Senator-Woiwoden ernannt ...

Aus: *Meyers Konversationslexikon* (1908)

Ich hatte immer geglaubt, Wybicki sei nur der Dichter der polnischen Nationalhymne ›Noch ist Polen nicht verloren ...‹ (›Jeszcze Polska nie zgineła ...‹). Aber vielleicht sagten wir das auch nur so vor uns hin, weil wir von seiner wahren Bedeutung als Politiker und Verwaltungsmensch keine Ahnung hatten. Auf alle Fälle lebte er noch,

als eure Urgroßmutter Marie Alexandrine von Zitzewitz in Niedamowo bereits sieben Jahre alt war.
Manchmal kamen fremde Leute zu uns und baten uns in gebrochenem Deutsch, die Stätte besichtigen zu dürfen, wo Wybicki geboren wurde. Sie gingen dann mit verwunderten Blicken durch den Garten und guckten ins Haus und fanden sicherlich nichts Historisches, was ihr Herz hätte höher schlagen lassen, lediglich unter den drei alten Linden lag ein morscher Einbaum, der bei einer Eisfischerei bei uns im Plötzensee ans Tageslicht gezogen worden war, und dieser war wiederum um Hunderte von Jahren älter, so daß er nichts mit Wybicki zu tun hatte. Im Sommer saß ich als Kind oft darin und bearbeitete die schon sehr morschen und dünnen Seitenwände weiter mit dem Küchenmesser, bis nur noch wenig von ihm übrigblieb. Aber nach etlichen Jahren erbarmte sich ein Museum unseres Einbaums, er wurde abgeholt, und ich sah ihn nie wieder, wußte auch nicht, wohin er kam, vermutlich wurde er nach Gdynia verladen.

Groß Bendomin lag einen Kilometer westlich der Chaussee, die von Danzig über Mariensee nach Koszczerżyna führte. Es war zehn Kilometer von Berent entfernt und fünfundvierzig von Danzig.

Die Straße, die zur Chaussee führte, hatte mein Vater mit seinen eigenen Leuten gebaut und pflastern lassen, so daß eine feste Zufahrt existierte und man weiter auf einer Pflasterstraße nach Neu Barkoschin (Barkoczynek), unserer Bahnstation, fahren konnte. Dort wurden Rüben, Kartoffeln und Getreide und gelegentlich auch Vieh verladen. Es war die Strecke Danzig—Schöneck—Berent, die dann weiter über Brus durch die Tucheler Heide bis nach Konitz (Chojnice) führte. ›Ob Wiele, Brus, Wigoda, Menszikal, ich bin Kaschub', Kaschube überall‹, heißt es in einem Kaschubenlied.

Unsere Nachbargüter waren Lubahn, Niedamowo und Alt Grabau. In Lubahn lebten Herders mit ihren drei Kindern, und von Niedamowo, das den Schades gehörte, war Großmutter Hedwig Modesta her, die dann in jenem Gewittersturm, der über die Kaschubei raste, endlich unter die Erde kam und mir dadurch so unvergeßlich wurde. Das nächste Gut hinter dem Dorf Recknitz war Alt Grabau, das dem Ökonomierat Barschinski gehörte, dessen Nase in nichts der von dem alten Blumenfeld nachstand, was Farbtiefe und Leuchten betraf. Dann gab es noch die Güter Groß Preetz, Klein Klinsch, das Gut Sobąsz, das der Familie von Lenski gehörte, die polnischer Nationalität war, was aber nicht hinderte, daß wir uns alle untereinander einluden und Feste feierten. Dazwischen lagen die Dörfer sozusagen als Dekoration in der welligen Landschaft zwischen den Gütern oder brauchbar als Pachtobjekt für die Jagden. Die Einwohner der Dörfer waren meistens Kaschuben, deutsche Bauern gab es nur vereinzelt. Die Dörfer hießen Będominek, wo unsere Dorfschule war, Rekownice, Nowy Karczma, Nowy Palaszki ...

Frau Herder auf Lubahn war meine Patentante, und Hans Barschinski, der sich später, als wir deutsch wurden, nach 1939, nach dem Geburtsnamen seiner Mutter Winter nannte, war mein Patenonkel. Hans Winter wohnte in einem dunklen alten Haus, dessen Wände mit preisgekrönten Geweihen bedeckt waren, Trophäen von seiner großen Jagd, die er in der Tucheler Heide, später in den Karpaten gepachtet hatte. Er litt immer unter Ischias und besuchte uns jede Woche, auf einem herrlichen Fuchswallach reitend, das Monokel ins Auge geklemmt. Steifen Schrittes trat er an den Kaffeetisch, wo wir dann Streusel-, Napf-, Erdbeer-, Apfel- oder schlicht Blechkuchen oder Waffeln verzehrten. Manchmal kam auch seine schöne Frau Edith mitgeritten, aber seltener, sie hatte mit ihrem Haushalt und ihren vier Kindern genug zu tun. Onkel Hans' Pferd war immer sehr unruhig, wenn es eine Weile bei uns im Stall gestanden hatte, und es machte mir viel Spaß zuzusehen, wieviel Schwierigkeiten er hatte, in den Sattel zu kommen, denn mit dem Ischias war das ja nicht einfach.

Bendomin hatte ungefähr 1400 Morgen leichten, steinigen Ackerboden, Moorflächen, Wiesen, kleinere Waldeinsprengsel und einen 30 Morgen großen See. Die Landwege, die das Gut durchzogen, waren steinig und löcherig — man fuhr einfach die Steine, die man jährlich vom Acker sammelte, an die Wegränder, um damit im Bedarfsfall die Löcher zu stopfen. Als ich vor Jahren einmal mit meinem Auto gegen einen Baum fuhr und sofort besinnungslos wurde, war mein letzter Gedanke: das stuckert wie zu Hause auf einem Kastenwagen, wenn wir über den hartgefrorenen Akker zur Jagd fuhren.

Bendomin war das kleinste der Güter, und da man glaubte, die Bedeutung eines Gutsherrn hinge von der Anzahl der Morgen ab, die er besaß, lag mein Vater in stetem hartem Wettkampf mit den anderen Gütern: Wessen Roggen wuchs dichter, wessen Hafer hatte die längeren Rispen und wessen Kartoffeln deckten zuerst die Furchen? Wann konnte sich die erste Krähe im Winterweizen verstecken? Ja, es gab eine ganze Reihe von Regeln, die bestimmten, wie es um die Tüchtigkeit und Fortschrittlichkeit der Besitzer stand:

In welchem Futterzustand waren die Pferde, besonders die Kutschpferde? Waren die Beschläge am Geschirr geputzt und die Mähnen und Schweife der Vollblüter gekämmt? Waren die Wagen frisch gewaschen, und war das Tambour gewichst oder verblichen von Regen und Wind? Nun, man konnte es eben ablesen — und wenn man an den Kleeweiden vorbeifuhr, wo das Vieh graste, wußte man abzuschätzen, wieviel Liter Milch die einzelnen Kühe gaben. War Mist auf der halben Hoffläche verstreut oder ordentlich vor den Ställen gestapelt? Standen sonntags die Kasten- und Leiterwagen in Reih und Glied ausgerichtet, war die Auffahrt zum Herrenhaus frisch geharkt, der Rasen gemäht, das Pflaster vor den Ställen blank gekehrt?

War das nicht der Fall, so mokierte man sich. War es tadellos, dachte man im stillen: Verflucht, warum sieht es bei mir nicht so aus? Jede Einladung beim Nachbarn schloß einen Rundgang durch Hof, Ställe und Garten mit ein, das war obligatorisch, genauso wie der Rundgang nach dem sonntäglichen Frühstück durch die Ställe, wo den Pferden der Hals geklopft und ein Stück Zucker gegeben wurde, wo der Eber mit dem Spazierstock des Herrn so lange gekratzt wurde, bis er sich wohlig auf dem Rücken wälzte, wie unsere siamesische Hauskatze, wenn ihr Kinder sie

heute krault. Der Zuchtbulle wurde mit Respekt betrachtet und nur außerhalb der Reichweite seiner Hörner mit einer Rübe gefüttert.
Hans Winter und seine Frau Edith duzte ich, zu Herders sagte ich ›Sie‹. Dabei hatte ich die schönsten Stunden meiner Kindheit im Hause von Herders verlebt, auch wenn die Herderschen Kinder alle sechs bis zehn Jahre älter waren als ich und genau wie meine Geschwister bereits aus dem Elternhaus ausgeflogen waren. Wenn der alte Herder und der alte Weidendahl sich bei starkem Umtrunk und heftigem Skatspielen gerade verkracht hatten und unsere Kutschwagen stolz aneinander vorbeifuhren auf der Chaussee, ohne daß ein Insasse den anderen grüßen durfte — auch wir Kinder nicht —, dann war Lubahn natürlich auch für mich gesperrt. Aber wenn Schönwetter zwischen den beiden Familien war — und es kommt mir so vor, als wären es doch ziemlich lange Perioden des Friedens gewesen —, wurde ich nach Lubahn eingeladen, Lubahn mit dem Riesenrad aus Metall, dem Windmotor neben der Brennerei, der sich ständig drehte und den Strom fürs Gut lieferte. Ich schlief in dem Spielzimmer der nun schon fast erwachsenen Söhne, und alles gehörte mir! Alles durfte ich auf den Kopf oder auf die Beine stellen, es waren keine Grenzen gesetzt. Dazu kam, daß im Nachbarhaus eine

Horde gleichaltriger Kinder wohnte, die Kinder des Brenners Junke, einer deutschen Familie, und mit diesen Kindern durfte ich die gesamte untere Etage, das Eßzimmer eingeschlossen, in ein Paradies verwandeln, Tische und Stühle umdrehen, mit Decken verhängen, Burgen bauen, den ewig hundertjährigen Papagei Laura ärgern, der immer mit dem gleichen schrillen Ton ›Laura‹ quäkte, und die wildesten Phantasie- und Tobspiele erfinden. Frau Herder ging nur gelegentlich hindurch, guckte sich um und lächelte. Herr Herder hatte in seinem Arbeitszimmer eine ausgestopfte Rieseneule auf dem Schrank sitzen. Abends holte er sie herab, sie konnte mit dem Kopf wackeln und mit den Flügeln schlagen und mir so auf alle Fragen eine Antwort geben.

Alle Kinder von Herders studierten und machten ihren Doktor. Meinem Vater kam es sonderbar vor, daß Eltern alle ihre Kinder studieren ließen, er meinte, wenn man wirklich klug wäre, hätte man dies nicht nötig. Ach ja ... In den Sommerferien war Lubahn ein größeres Paradies als Bendomin: Die Kinder dort hatten einen Reitwagen — vier Räder, in der Mitte ein Brett, auf dem man im Reitsitz saß —, damit konnten sie fahren, wohin sie wollten, ihren Schecken davorgespannt. Auch sie hatten eine Wippe im Garten und einen Tennisplatz, aber bestimmt auch tausend Morgen mehr Land. Als die Russen im Frühjahr 1945 kamen, wurden beide Herders erschossen. Sie mochten nicht fliehen, sie mochten nicht auf den Treck gehen und ein neues ungewisses Leben beginnen. Und Hans Winter, nachdem er seine Frau und vier Kinder viele Tage vorher losgeschickt hatte, wollte zur gegebenen Zeit nachreiten. Es lag damals noch ein deutscher Stab in Alt Grabau. Niemand weiß, wie er umkam, ob er gleich erschlagen wurde oder erst unterwegs; nie wurde er gefunden, nie erreichte die Familie, die heil in den Westen gelangte, irgendeine gewisse Nachricht über sein Ende.

Melchows auf Melchowshorst nahmen sich das Leben, sie besaßen das eleganteste Gutshaus, das ich damals kannte. — Und Inge N. nahm sich das Leben. Ich saß die letzten beiden Schuljahre in Danzig mit ihr auf derselben Bank — sie war jung, sie war hübsch, ich hatte sie meine ganze Schulzeit über bewundert und gehofft, einmal so charmant und stetig flirtend durch den Alltag zu tänzeln, wie sie es zu tun schien.

Damals waren wir noch die Herren

An jedem zweiten Pfingstfeiertag wurde der Kremser angespannt und manchmal auch der blaue Wagen, wenn wir Gäste hatten, und wir fuhren zum Turmberg. Das Picknick — belegte Brote und Kuchen in zwei länglichen Blechbüchsen —, die Langeweile, stundenlang still auf dem Wagen zu sitzen und die Zeit nur damit zu unterbrechen, Laub im Vorbeifahren von den Bäumen zu erhaschen und es sich gegenseitig mit dem Ruf: ›Bitte, Grün!‹ unter die Nase zu halten — all das war feste Tradition: oben auf dem Turmberg das bereits verfallene Gerüst des Aussichtsturms zu besteigen, die sich öffnenden Buchenknospen zu bewundern, die leeren Bucheckern am Boden mit den Füßen fortzustoßen und unterhalb des Berges in dem schmuddeligen Gasthaus eine Limonade zu trinken. Die großen Schwestern, Sabine und Irene, durften manchmal reiten, aber für mich, die Kleinste, war ein solcher Ritt viel zu weit — nicht auszudenken, wenn ein Gewitter ge-

kommen wäre ... Manchmal begleiteten uns auch Winters dorthin — sie stießen in Alt Grabau zu uns.
Schön sah der Turmberg schon aus, am schönsten aber von Bendomin her, wenn wir auf der steinernen Gartenmauer standen, die so dicht mit Moos bewachsen war, und über das Fersetal hinweg, über Recknitz (Rekownice) und die anderen Dörfer die blauen Wälder der Hügelkette im Abendlicht schimmern sahen.
Die Ferse entsprang in der Nähe des Turmberges, floß durch den Altgrabauer See, ringelte sich durch unsere Wiesen und war ein so zierliches Bächlein, daß man, wenn man Anlauf nahm, es an den schmalsten Stellen leicht überspringen konnte, ohne ins Wasser zu plumpsen. Als unser Gutsgarten später vergrößert und die Fohlenkoppel verlegt wurde, konnte ich ungehindert hinunterlaufen und an tieferen Stellen baden, an breiteren selbstgeschnitzte Schiffchen aus Eichenkork segeln lassen, mit dem Küchensieb kleine Plötze, Barsche und Hechte fangen und sie in ein großes Weckglas sperren. Am Abend gab ich allen wieder die Freiheit, goß das Wasser nebst seinem Inhalt in die Ferse.
An den Leutehäusern, an der hölzernen Brücke, die nach Recknitz führte, verbreiterte sich der Lauf der Ferse so, daß dort manchmal auch die

Kühe zur Tränke getrieben werden konnten; am Uferhang war eine Quelle, ›der Spring‹, wie mein Vater sie nannte, und an heißen Sommertagen mußte ich dort mit einem Krug hinuntergehen und Wasser schöpfen, das Vater dann erdenkühl trank — es schmeckte wirklich besser als unser Brunnenwasser auf dem Hof. Von diesem ›Spring‹ holten auch die Arbeiterfrauen ihr Wasser: die Holztrage auf dem Rücken, an jeder Kette einen Eimer, so füllten sie täglich die Wassertonnen, die im Eingang ihrer Häuser standen, Wasser zum Kochen, Waschen, Putzen.
Einen Kilometer weiter abwärts trieb unser Bächlein sogar die Kulamühle, wo wir unser Getreide zu Schrot und Mehl, das wir zum Brotbacken brauchten, mahlen ließen. Dann ringelte sich die Ferse unter der Chaussee nach Berent hindurch, bis sie, in südöstlicher Richtung fließend, schließlich nach einhundertundzwölf Kilometern bei Mewe die Weichsel erreichte. Auf der Landkarte ist sie als richtiger Fluß eingezeichnet, und wenn jemand im Zweifel ist, wo mein Bendomin gelegen war, so muß er nur auf die Karte schauen: Dort, wo die Ferse entspringt, dort lag und liegt Groß Bendomin, immer noch. Nur von den Weidendahls ist keine Spur mehr zu finden.
Oder steht die Lindenallee vor den Fenstern meines Schlafzimmers noch? Vielleicht gibt es auch

noch die alte hohe Eiche an der Schmiede mit den Haken für die Schaukel, die hohen Eschen im Osten und Westen und die langen Buchenhecken, die das Rondell vor dem Haus an der Südseite umschlossen und sich durch den ganzen Garten hinzogen.

Und die Gräber der Weidendahls in Koszczerżyna auf dem evangelischen Friedhof? Die Steine mit verblichener Goldschrift? Wird sie noch da sein, die Blutbuche auf dem Hügel des verwilderten Barkoschiner Friedhofs, oberhalb des alten Pfarrhauses am See? Nicht weit von ihr setzten wir die Urne mit der Asche unserer Mutter bei, schafften es aber aus unerfindlichen Gründen nicht mehr, einen Gedenkstein zu errichten. Die Blutbuche muß jetzt ein hoher Baum sein. Blutbuchen waren die Lieblingsbäume meiner Mutter.

Vielleicht wird sich einer aufmachen und all die Stellen aufsuchen, die Glück und Schmerz einer Kindheit bedeuten. Zwanzig Minuten sind's vom Hof bis zum See. Vielleicht wird er dort baden, wird als einziger die stille Fläche schwimmend durchteilen — und den schweren rotwangigen Mann sehen, der im Dogcart angefahren kommt, Gewehr und Fernglas umgehängt, neben sich ein Kind auf dem Polster. Der Mann bindet den belgischen Hengst an den Pfahl, zieht die Halfterkette durch den Ring — dann gehen Mann und

Kind gemeinsam unter den Birken zum Bootsplatz, das kleine Mädchen hält den Eimer in der Hand, der zu einem Viertel mit toten Fröschen und abgezogenen Spatzen gefüllt ist, neuem Köder für den Krebsfang. Und der Vater löst die Kette vom Boot, hängt die unter den Bäumen versteckten Ruder in die Gabeln, und sie stoßen ab. Während sie am Ufer entlang Korkstückchen für Korkstückchen abfahren, ziehen sie die Weidenreusen an Bindfäden hoch, sammeln die Krebse ein, stecken neuen Frosch- oder Spatzenköder in die Weidengabel und werfen die Reusen quer zum Uferhang wieder ins Wasser. Dann ziehen sie das Staknetz hoch, lösen die verhakten Fische aus den Maschen und spannen das Netz vor einer anderen Bucht. Sie kehren zum Steg zurück, werfen die Krebse in den großen Fischkasten, damit sie dort weiterleben bis zum Sonnabend, wenn sie zum abendlichen Krebsessen und für die Krebssuppe am Sonntag herausgeholt werden, geben die Fische in den nun leeren Eimer, sichern Boot und Fischkasten mit riesigen Vorhängeschlössern, verstecken die Ruder wieder neben den gelben Schwertlilien unter den dicht übers Wasser hängenden Erlenzweigen ... und das barfüßige Kind, vorsichtig den Hauhecheln ausweichend, tappelt mit dem Vater zum Wagen, wo sie beide den Fischeimer unter das Tambour stellen und dann am anderen Ufer noch einige hundert Meter hinter dem Badeplatz zum Fuchsbau gehen. Hier bückt sich das Kind, steckt tief den Kopf in den Bau und schnuffelt, ob's schon nach jungen Füchsen riecht. Zuletzt holt der Vater noch schnell eine mit ihren Flügeln laut knallende Wildtaube mit einem Schuß seiner Flinte herunter.

Vineta — niemand kann es finden, es ist in Bernstein gefaßt und liegt auf dem Grund der blanken See. Männer und Frauen wandeln noch immer stolz in prunkenden Gewändern durch Vinetas Gassen, und nur wenn der Himmel ganz klar ist, kein Lüftchen sich regt, keine Welle das Wasser kräuselt, ist manchmal einem Sterblichen der Blick in die Vergangenheit gegönnt, wenn er, über den Bootsrand sich beugend, in die Tiefe schaut.

Damals waren wir noch die Herren — auf dem winzigen Gelände, das Bendomin hieß: mein Vater der ›gnädige Herr‹, meine Mutter die ›gnädige Frau‹, mein Bruder Joachim der ›junge Herr‹ und wir, die Schwestern, die ›gnädigen Fräulein‹. Ein See, der nur uns gehörte, in dem niemand baden und fischen durfte, solange wir dort waren — und war's auf den anderen Gütern nicht genauso? Unser Wort galt, wurde befolgt — und jedes Jahr reifte die Ernte, füllten sich die Scheunen.

Vielleicht ist unser See heute ein kahler Tümpel, der Wald an den Uferhängen abgeholzt, und wenn das Wetter schön ist, liegen auf seinen Wiesen Menschen über Menschen, die Kinder spielen Fußball, und der See wirbelt auf von Badenden und Booten.

Als ich von Bendomin fortzog, gab's fast keine Krebse mehr — eine Seuche hatte sie in allen Seen ausgerottet —, kein Krebsessen am Sonnabendabend und keine Krebssuppe zum Sonntagmittag in allen Monaten ohne ›r‹; denn nur von Mai bis August durfte man, strenggenommen, Krebse fangen. Der Krebskasten am See blieb leer und verfaulte langsam . . .

Ich war vier Jahre alt, als meine Großmutter Hedwig Modesta begraben wurde. Seit sie 1913, nach dem Tod ihres Mannes, wieder zurück nach Bendomin gezogen war, hatte sie den Westflügel des Hauses in der ersten Etage bewohnt.

Alle Fenster dort gingen auf die Lindenallee hinaus, und die Zimmer waren den ganzen Sommer über in grünes Licht getaucht. Großmutters Wohnzimmer wurde später mein Schlafzimmer, und nur im Winter war es hell von der Sonne, wenn diese, Rauhreif und Schnee vergoldend, durch die Äste schimmerte. Unzählige Familien von Käuzchen wohnten in den Linden und pfiffen die langen lauen Sommernächte hindurch ihre Käuzchenlieder. Einmal schlug der Blitz so heftig in eine dieser Linden, daß sie bis zur Wurzel gespalten wurde und ganz gefällt werden mußte. So wurde mein Zimmer auch im Sommer heller.

Freiwillig wurde nie ein Baum im Bendominer Garten gefällt, zum Kummer meiner Mutter, die die Sonne so sehr liebte. Aber der Garten war groß, Sonnenplätze gab es genug, in jeder Himmelsrichtung standen weißgestrichene Bänke: ums Rondell, zwischen den Himbeeren, unter den Eschen, an der Buchenhecke, dort, wo man so weit bis zum Turmberg schauen konnte, unten am Teich, oben am Hof, am Gemüsegarten hinten an der Scheune, überall konnte die Herrschaft sich hinsetzen und ausruhen, mit einem Stöckchen Kreise in den Sand malen, den Dackel kraulen, den Ameisen ihre Gänge verlegen, Regenwürmerknuddelhäufchen platt treten mit barfüßigen Sohlen.

Barfüßig aber durften nur wir Kinder laufen. Ich könnte mir im Traum nicht vorstellen, jemals meinen Vater oder meine Mutter barfuß durch den Garten gehend gesehen zu haben. Einmal traf ich, barfuß ums Rondell schlendernd, auf ein großes Maulwurfsloch mitten auf dem Weg. Meine Mutter und Süßerchen saßen in der Nähe auf einer der weißen Bänke in der Sonne und nähten oder strickten. Ich beugte mich über das Maulwurfsloch, das senkrecht tief, sehr tief in die Erde führte, und als ich so eifrig hineinschaute, wurde es drinnen immer heller, und schließlich sah ich einen neuen blauen Himmel aus der Tiefe der Erde strahlen. Ich hatte durch die ganze Erde hindurchgeschaut und auf der anderen Seite den Himmel gesehen. Ein Wunder — wirklich, ein Wunder war geschehen, und es fuhr mir in alle Glieder: Wahrhaftig, ich konnte durch den Erdball hindurch auf der anderen Seite den Himmel leuchten sehen. Das war mir passiert! Ich konnte es niemandem sagen, niemand hätte es mir geglaubt, und ich habe es auch niemals erzählt — bis heute. Ich wagte nicht ein zweites Mal in jenes Loch zu schauen; ehrfurchtsvoll ging ich in großem Bogen drum herum, ich wollte das Wunder nicht zerstören.

Bis zu meinem zwölften Lebensjahr lebte ich ständig in Bendomin und hatte außer dem Turmberg, der Kreisstadt Koszczerżyna und einigen Nachbargütern nichts gesehen. Erst als der Vater 1927 — das war für damalige Verhältnisse sehr früh und zeugt davon, daß es ihm in der Landwirtschaft gar nicht so schlecht ging — den Ford kaufte, fuhren wir manchmal nach Danzig und besuchten den Großvater Eder und Tante Toni in der Trojangasse. Unweit davon, am Ende von Langgarten, fand im Herbst der Domnik statt; das war das Danziger Oktoberfest mit Achterbahn und Karussells, mit Schiffsschaukeln und Schießständen, mit gebrannten Mandeln und der Geisterbahn, mit kleinen bunten Äffchen aus Wolle, die man an einem Gummiband auf und nieder wippen lassen konnte, und dem Riesenrad, von dem man, wenn die Gondel oben stand, weit über die Stadt blickte, fast bis nach Heubude hin an die Ostsee. Dieses Fest war für mich einer von den vielen Höhepunkten des Jahres.

Josef Kropidlowski, der Kutscher, bekam zu Ehren des Autos eine Chauffeursuniform zu seinem Kutscherpelz und dazu eine Schirmmütze. Neben dem Roßwerk, das die Wasserpumpe betrieb, wurde eine Garage gebaut mit einem tiefen Loch im Zementboden, in dem ein Mann aufrecht stehen konnte. Darin verbrachte Josef viele Tage, weil er den Geheimnissen des Motors nachspüren wollte. Er machte den Führerschein, und mein Vater natürlich auch. Einmal in der Woche wurden Blechkisten mit Eiern gepackt. Die Eier wurden, damit sie nicht zerbrachen, in Schichten von Häcksel gelegt, es wurden Hühner und, je nach Jahreszeit, Puten oder Enten geschlachtet und nach Danzig gebracht, wo sie an Freunde oder Bekannte der Eltern verkauft wurden. Der Erlös war eine Einnahme für meine Mutter, sozusagen ihr Taschengeld. Davon kaufte sie Wolle und strickte ihren Töchtern Kleider und Pullover. Davon kaufte sie Konfekt bei Mix am Langen Markt. Davon ging sie mit den Kindern ins Kino. Vielleicht bezahlte sie auch davon die Eintrittskarten für die Zoppoter Waldoper, wo jährlich im August auf einer Freilichtbühne Wagnerfestspiele stattfanden und wohin wir Kinder mitgenommen wurden. Ein großes Erlebnis, wenn im Abenddämmer der Vorhang aus grünen Buchenhecken sich auseinanderhob und Lohengrin sang: ›Im fernen Land, unnahbar euren Schritten, liegt eine Burg, die Monsalvat genannt . . .‹, da schmolz ich hin.

Zur gleichen Zeit gab es in Zoppot Pferderennen, und diese waren eigentlich das Ereignis der Saison. Dort trafen sich die Gutsbesitzer und ihre Frauen aus dem Korridor mit denen aus der Danziger Höhe und Niederung. Sie hatten sich stadtfein gemacht, stolzierten auf und ab, aber an den blassen Stirnen und den braungebrannten Backen und Nasen erkannte man doch gleich die vom Lande, denn welcher Gutsbesitzer wäre je im Sommer ohne Hut über seine Felder geritten, gefahren oder gegangen! Die Gutsbesitzersfrauen waren auch um einen kleinen Schein blasser als die Damen aus der Stadt, die ihre Nachmittage an den warmen Sandstränden der Ostsee hatten verbringen können, die ihre Haare blonder und ihre Haut hatten brauner werden lassen. Die Landfrauen erkannte man an ihren verarbeiteten Händen: mußten sie um diese Zeit nicht täglich zu Hause einmachen, Beeren pflücken, sortieren, Gemüse schnippeln, Marmelade kochen, Obst einwecken? Davon wurden die Nägel rissig und die Hautrillen an den Händen dunkel. Eine gewisse Ausgeruhtheit fehlte ihnen und eine lässige Entspanntheit. Dabei hatten sie Hilfskräfte genug zu Hause; so war es nicht, daß sie Tag und Nacht hätten auf den Beinen sein müssen, aber es war die Zeit der Ernte, auch bei ihnen.

Die Arbeit auf unserem Hof begann im Sommer um sechs Uhr. Neben dem Roßwerk, der Wasserpumpe und der Garage stand ein Pfahl, an dem Pfahl hingen eine Pflugschar und, rechts an einem Nagel im Pfahl, zwei Hämmer, deren Köpfe ganz breit geklopft waren. Um sechs stellte sich der Vogt, der hieß Pallasz, davor und schlug sehr schnell die Hämmer gegen die Pflugschar, was man ›Klappern‹ nannte. Dann begaben sich die Arbeiter — die ›Instleute‹ — langsam, ja schleppenden Schrittes (jedermann in Bendomin hatte diesen Schritt) auf den Hof, blieben zwischen Speicher und Wagenremise stehen, und mein Vater und der Vogt — oder der Beamte, der Eleve oder wer damals gerade bei uns war — verteilten die Arbeiten, ungefähr so: drei Gespanne auf Schlag sieben, vier Mann hinten ins Moor zum Dränagegraben, drei Gespanne auf Schlag acht zum Eggen, zehn Mädchen dort die Steine absammeln vom Acker und einen Wagen Steine abfahren — das war je nach Wetter und Jahreszeiten immer verschieden.

Die Mittagspause begann um halb zwölf — da wurde wieder geklappert. Manchmal durfte ich es tun, und es war gar nicht leicht, das Geklapper forsch durchzuhalten, so, daß es nicht zu dünn klang. Dann, um ein Uhr, wieder Arbeitsanfang, und um fünf, sechs oder sieben Uhr Feierabend. Dazwischen vormittags und nachmittags an Sommertagen eine halbe Stunde Vesperpause. Im Winter ging die Arbeit sowieso nur von acht Uhr früh bis vier Uhr nachmittags, denn dann begann die Dunkelheit. Nur die Pferdeknechte, Karlchen, der Schweinemajor, und die Schweizer hatten winters wie sommers ihre festen Dienstzeiten, was Füttern und Melken betraf.

Wir hatten eine Wirtin. Sie war die Köchin, und sie mußte auch einwecken und schlachten. Sie bekam 30 Złoty im Monat. Wir hatten ein Stubenmädchen, das bei Tisch bediente, die Betten machte, die Stuben reinigte und im Winter früh um sieben Uhr mit einem großen Korb Torf und einem Ascheimer in der Hand die Schlafzimmer betrat, die alte Glut in den Öfen aufkratzte, neuen Torf auflegte und unter dem Rost die Asche des vergangenen Tages ausschaufelte, so daß der Ofen bei frischem Zug bald kräftig bullerte und den Raum mit dem warmen Dunst von glühendem Torf erfüllte. Das Stubenmädchen bekam 20 Złoty im Monat und wohnte mit dem Küchenmädchen zusammen in einem Zimmer.

Die Wirtin hatte eine Stube für sich und war sozusagen Respektsperson in der Hierarchie des Personals. Sie kochte das Mittag- und Abendessen, wobei das Abendessen jahraus, jahrein für alle aus einer Milchsuppe mit Mehlklimpern drin bestand, danach gab's in fast immer gleicher Abfolge Bratkartoffeln, Bechamelkartoffeln, Pellkartoffeln, zu den Pellkartoffeln den Hering, der aus der großen Tonne im Keller geholt wurde und einen Tag wässern mußte, wenn er überhaupt genießbar sein sollte — jedenfalls für mich. Und dann gab's Schinken und manchmal auch kalten Braten dazu, aber nur für uns, die wir im Eßzimmer aßen. Das Küchenmädchen mußte für den Abwasch sorgen und neues Holz und Torf in den Herd schieben, es mußte die Hühnerkartoffeln kochen, die Hunde füttern und Holz reintragen von den vielen hohen Holzhaufen, die wie riesige

Bienenkörbe neben der Teppichstange vor dem Kücheneingang standen.
Die Wirtin hatte auch die Verantwortung für die große Wäsche. Vier Frauen aus dem Dorf standen den lieben langen Tag eingehüllt in Dampf und rieben und rubbelten die Wäschestücke auf welligen Blechen in großen runden Holzwannen. Die Seife, mit der sie rubbelten, war meist selbstgemacht, aus krepierten Schweinen, deren Fleisch man im Waschkessel mit Ätzkali und Ätznatron so lange gekocht hatte, bis eine Schicht guter Seife oben auf der dann kalten Brühe schwamm.
Die Tagesarbeit der Wirtin war getan, wenn wir uns im Eßzimmer abends zu Tisch setzten. Mein Bruder Joachim oder ich sprachen das Tischgebet. Sobald die Suppe aufgegessen war und die Teller abgeräumt werden sollten, um dem neuen Gang mit den Bratkartoffeln Platz zu machen, mußte ich als die Jüngste aufstehen und klingeln. Dann kam das Stubenmädchen herein, räumte die Suppenteller ab, stellte die neuen Speisen hin, und wenn wir mit allem fertig waren und gesegnete Mahlzeit gesagt hatten — vorher hatte ich noch laut gebetet —, dann mußte ich wieder zur Wandklingel gehen und auf den Knopf drücken, damit Franziska oder Soscha alles abräumen konnten. Damit war die letzte Zeremonie des Tages bewältigt. Jetzt war Feierabend.

Die Küche in Bendomin war schön. In der Mitte stand der große Herd mit der Messingstange drum herum, an der ich immer turnte, und der Messingleiste, unter der die Franzosen hockten — ›Franzosen‹ nannten wir die Küchenschaben —, sie hockten auch im Backofen und im Bratofen, wenn diese nicht zu heiß waren, hockten auch im Grusloch, wo das Holz zum Brennen vorgetrocknet wurde, oder schwammen ertrunken im Wasserkasten. Am Fenster stand der Eßtisch mit seinen hellen, gescheuerten Fichtenbrettern, daneben der Lampentisch, dann gab's noch den Blechtisch, an dem Karlchen, der Schweinemajor, aß, und den Abwaschtisch. Darüber waren die Borde mit den rußigen Töpfen, darunter die Wasserleitung und der Ausguß und der Drangeimer, aus dem es immer sauer roch. Küchenabfälle aller Art waren darin, selbst das Wasser, in dem die Kartoffeln gekocht wurden, kam hinein.
Neben der Küche war die Speisekammer. Jeden Abend mußte die Wirtin sie zuschließen und den klebrigen, rostigen Schlüssel mit auf ihr Zimmer nehmen.
Wenn am Nachmittag die Küche frisch aufgewischt war, kroch Nimrod, der Jagdhund, unter dem Blechtisch hervor und legte sich vor den Herd. Durch die Tür und die Roste überm Aschenloch fiel heller Glutschein auf die roten

Fliesen und wärmte ihn und seine Flöhe. Dann kamen auch Hexe, die Dackelhündin, aus dem Grusloch und Fräulein Mimili, die Katze, von der Abwaschbank. Hexe legte sich vor Nimrod zwischen seine langen, knochigen Beine — noch näher ans Feuer —, und die Katze kletterte direkt auf Nimrod und knetete ihm mit ihren Pfoten zuerst den Buckel durch, ehe sie sich bequem auf ihm niederließ. Sie waren alle drei ein Herz und eine Seele.

Aber schon zwanzig Meter vor der Haustür sah das anders aus. Fräulein Mimili sträubte die Haare, wenn sie die Hunde nur von weitem erblickte, und Hexe und Nimrod fielen mit wütendem Gekläff über sie her, so daß sie eilends auf den nächsten Baum sprang. Da standen nun Dackel und Jagdhund und ärgerten sich, daß sie keine Krallen hatten zum Klettern. Wie sollten sie Fräulein Mimili erwischen? — Täglich das gleiche Spiel.

Fräulein Mimili bekam viele Jahre hindurch Junge. Die hausten, sowie sie etwas gewachsen waren, im Schafstall, im Kuhstall oder im Schweinestall. Die im Kuhstall wohnten, hatten es am besten. Zweimal täglich gab's frische Milch — kuhwarm. Als die Dackelhündin Hexe alt wurde, wollten die Hinterbeine nicht mehr so, wie sie sollten. Die kleinen Schinken und das Schwänzchen wurden totes Gepäck, das mal nach links, mal nach rechts zeigend über die Küchenfliesen geschleppt wurde. Der Schwanz wurde nackend und das Fell über den Schinken dünner und schließlich blutig. Da mußte auch Hexe in den Schweinestall umsiedeln und bis zu ihrem Tod bei Karlchens Katzen leben. Die schliefen nachts so gerne neben dem warmen Kartoffeldämpfer, daß sie braun versengte Haare hatten, manchmal sogar kahle stoppelige Bäuche. Neben diesem Dämpfer lag fortan auch Hexe und freute sich, wenn wir sie besuchten. Karlchen mochte eigentlich keine Tiere und fluchte oft auf seine Katzen und Schweine.

Viele hundert Winternachmittage habe ich in der Küche verbracht und zugeschaut, wie die Wirtin die Milchsuppe ansetzte, halb Milch, halb Wasser, und die Roggenmehlklimpern hineingab. Zugeschaut, wenn sie das Rühren vergaß, wenn bald der scharfe süße Geruch von angebrannter Milch durchs Haus zog und mein Vater bei Tisch sagte, sowie meine Mutter die Suppe auftat: »Das Gewürz der Sel'gen!« Zugeschaut, wie die Wirtin die Bratkartoffeln briet, mit viel Fett für ›die drinnen‹, mit wenig Fett für ›die draußen‹. Wie kurz vor der Mahlzeit meine Mutter in die Küche kam, den kalten Braten, den Schinken oder die Wurst aufschnitt für ›die drinnen‹ und mir dabei einen Haps

spendierte. Wie jeden Mittwoch die Bechamelkartoffeln gekocht wurden und jeden Freitag braune, meist noch etwas sandige Pellkartoffeln in die Schüssel kamen und wie man den enthäuteten, viel zu salzigen Hering auf der Platte arrangierte.
Die Mädchen erzählten und sangen. Karlchen erzählte. Das Küchenmädchen, das die Hühnerkartoffeln für den nächsten Tag schälte, erzählte, und wenn in die Dämmerung hinein die Zimmerglocke klingelte, so hieß das für das Stubenmädchen, das an dem Lampentisch frisches Petroleum in die Messinglampen goß, die gläsernen Zylinder putzte und die milchweißen Glocken von Ruß reinigte: Franziska, bring die Lampe rein! Franziska ging dann mit einem Papierstückchen in der Hand an den Herd, entflammte es an der Glut, zündete eine der Lampen an und entschwand damit ins Wohnzimmer zur Mutter. Gegen sechs kam der Inspektor zum Abendbrot. Vorher mußte er durch die Küchentür, die Haustür war um diese Zeit schon verschlossen, außerdem pflegte durch sie im Herbst und Winter nur Besuch einzutreten. Nun wurde ein Stuhl vor die Küchentür gestellt, auf den Stuhl ein umgekehrter Besen, auf den Besen ein Topf mit Wasser. Öffnete sich jetzt die Küchentür, so ergoß sich der ganze Segen auf den Hereinkommenden, der

stand nun pudelnaß und schimpfend in der Küche, während alle anderen vor Vergnügen kreischten. Noch bei Tisch bekam ich vor Lachen meine Milchsuppe kaum herunter.

Immer noch bin ich in Bendomin, bin schon bei Flöhen und Küchenschaben gelandet und habe noch nicht erzählt, wie es war, wenn ein Schwein geschlachtet wurde und ich, mit dem Ringelschwänzchen und einer Sicherheitsnadel bewaffnet, mir auf dem Hof ein Opfer suchte, dem ich es anstecken konnte, ohne daß dieses es merkte, und das dann zum Gespött aller damit herummarschierte. Habe noch nicht erzählt, wie es war, wenn Gänse, Enten und Puten geschlachtet wurden und die Puten noch mit abgehacktem Kopf durch die Stellmacherei flatterten. Den Puten den Kopf abzuhacken, das war das Amt des Stellmachers. Die Frauen des Dorfes halfen, die Gänse zu rupfen und Federn und Daunen säuberlich zu trennen. Das passierte in der Waschküche. Im Frühjahr schoren die Frauen des Dorfes die Schafe, die mit gefesselten Beinen auf Tische gelegt wurden — was ihnen gar nicht behagte; in gelblich-schmutzigen Klumpen fiel unter der Schnappschere die Wolle herab. Nachher sahen die armen Tiere aus, als sei ihnen wirklich das Fell über die Ohren gezogen worden.

Sabine heiratet

Ein besonderes Kapitel waren unsere Beamten, Inspektoren oder Eleven. Sie durften beim Mittag- und Abendessen mit uns am Tisch sitzen; es war aber ein ungeschriebenes Gesetz, daß sie danach wieder entschwanden. Sie wohnten immer im Beamtenhaus, wo bis 1908 Urgroßmutter Marie Alexandrine gelebt hatte, dem ersten roten Ziegelbau auf der linken Seite, wo der Hof begann, wenn man vom Rondell hinübersah.

Ich habe das Bendominer Haus und den Hof genau aus der Erinnerung gemalt. Da sieht zwar alles etwas zwergenhaft klein aus, hat aber jedes seinen richtigen Stand und seine richtige Ordnung. Onkel Walther Nehring hat das Bild einmal in der Zeitschrift ›Westpreußen‹ veröffentlichen lassen, weil es ihm so gut gefiel und alles genau wiedergab. Dies Bild hängt seit Jahren über meinem Bett und ist mir ein Zeichen dafür, daß ich viel enger mit dem Land verbunden bin, aus dem ich stamme, als ich es seit 1945 habe wahrhaben wollen.

Ja, die Eleven und Beamten, ich sehe sie noch bei uns am Tisch sitzen. Sie waren meist eine Quelle unendlicher Heiterkeit für mich, und ich kicherte, die Mahlzeit über in ihren Anblick versunken, unaufhörlich in mich hinein. Damals war ich auch in dem Alter, wo man einfach kichern muß und auch immer einen Grund dafür findet. Am meisten hatte es mir Herr Luksch angetan, der zu seinem lustigen Namen noch das Besondere hatte, daß ihm die beiden mittleren oberen Schneidezähne fehlten und er nie sprechen konnte, ohne daß eine kleine, feuchte Fontäne sein Gegenüber traf. Er aß immer wie im Reitersitz — breitbeinig auf seinem Stuhl, die linke Hand fest auf den linken Oberschenkel gestemmt —, und wenn er den Löffel Suppe zum Mund, besser gesagt, zur Zahnlücke führte und laut schlürfte, haute es mich vor Lachen fast vom Stuhl — so würde man das in der heutigen Kindersprache wohl ausdrücken. Und das war schwer zu vereinen mit unserem Spruch: ›Kinder bei Tisch, stumm wie ein Fisch.‹ Denn obenan saß mein Vater, und er war immerhin mit seinen zwei Zentnern, die er fast sein ganzes Leben lang wog, ein gewichtiger und ansehnlicher Mann, und wenn er mit ernster Miene die Reihen seiner Lieben rechts und links hinab den Tisch entlangguckte, mußte man aufpassen, daß einem nicht der Bissen im Hals steckenblieb oder man sich — mit dem Kichern kämpfend — verschluckte. Meinem Vater zur Rechten saß meine immer gleich liebenswürdige Mutter, stets ruhig und vermittelnd, dann kam ich, dann meistens der jeweilige Beamte. Uns gegenüber saßen, nach Alter und Würde, ganz wie es ihnen zukam, die anderen Geschwister, Sabine, Irene und Joachim. Dazwischen natürlich das Süßerchen, das mich fürs Gymnasium in Danzig vorbereiten sollte. Nun war Süßerchen genau das Gegenteil einer Erzieherin, sie sah kaum älter aus als ich und stellte sicher mit ihrem zarten Charme meine Schwestern oft in den Schatten, und nur weil sie so unendlich gut erzogen war, gab es in diesem Punkt keine Komplikationen. Als mein Bruder Joachim sich über beide Ohren in sie verliebte, glaube ich, war es wieder ihre gute Erziehung, daß sie sich sagte: Zum ersten ist er viel zu jung für mich, und zweitens bin ich ja nicht in dies Haus gekommen, um Verwirrung zu stiften und mich einzunisten. So wurde Süßerchen jedem in der Familie eine Freundin bis zum Lebensende.

Doch ich bin ganz von Herrn Luksch und unseren anderen landwirtschaftlichen Beamten abgekommen. Was waren diese Beamten? Sie waren unentbehrliche Hilfskräfte für meinen Vater. Morgens früh um fünf Uhr dreißig wogen sie zum Beispiel auf dem Speicher das Futter aus, das die einzelnen

Gespannführer für ihre Pferde bekamen, das Kraftfutter für die Schweine, für die Kälber, für die Milchkühe. Jedesmal nur die Tagesmenge. Denn hätte man bei der Armut der Arbeiter größere Mengen auf einmal verteilt, wäre sicherlich nicht alles dem eigenen Vieh zugute gekommen. So wurde niemand in Versuchung geführt.
Die Beamten halfen dann die Arbeiten einzuteilen und zu beaufsichtigen; sie machten die schmale Buchführung: Wer ist zur Arbeit gekommen, wer nicht. Sie hatten ein Reitpferd, um jeweils ein- bis zweimal am Tag die Felder und die zu verrichtenden Arbeiten zu inspizieren. Das war alles. Sie hatten im Beamtenhaus ein Zimmer, das Frühstück und der Nachmittagskaffee wurden ihnen auf einem Tablett hinübergetragen, sie hatten einen warmen Kachelofen und ein eisernes Waschtischgestell mit einer großen Wasserkanne und ein Plumpsklo hinter unserer Gartensteinmauer unterhalb der Schmiede, wo der Wiesenhang sich hinuntersenkte zum Fersetal. Das WC wurde nur von uns benutzt, auch die Hausmädchen wanderten durch Schnee und Eis zu diesem Plumpsklo, das drei Ränge aufwies: Rang eins für den jeweiligen Beamten mit besonderem Schlüssel, Rang zwei für die Hausmädchen, wiederum mit besonderem Schlüssel, und Rang drei für alle sonstigen Arbeiter, stets offen.

Unsere Beamten stammten meist aus einer Schicht, die wir nicht zu der unseren rechneten. Sie kamen oft von kleinen Höfen oder auch aus anderen Berufen, waren zum Teil nur Eleven, nicht älter als achtzehn, die erst lernen wollten. Sie gehörten nie ganz dazu und durften von meinem Vater, genau wie unsere Arbeiter, gelegentlich auch kräftig angebrüllt werden.
Nur einmal hatte sich auch ein Gutsbesitzer zu uns als Beamter verirrt. Vielleicht wollte er wirklich etwas lernen, denn in dieser Zeit hatte mein Vater sein Gut fast zu einem Musterhof gemacht. Oder kam er wegen meiner nun schon erwachsenen Schwestern Sabine und Irene, die er sich näher ansehen wollte? Jedenfalls sah der blasse, schlanke, großgewachsene Helmut K. aus Schloß Reichenburg Sabine so lange an, bis sie ein Brautpaar wurden, und das trotz seiner beiden Goldzähne. Sabine vergaß ihre lustigen und immer zu Witzen und Unfug aufgelegten alten Freunde und wurde Herrin auf Schloß Reichenburg.
Helmut K. mußte nach dem Abendbrot nicht auf sein Zimmer ins Beamtenhaus gehen, er durfte abends bei uns sitzen — sicher lag es daran.

Nun, die Hochzeit von Sabine, das war ein Fest! Sie wurde in Danzig in der Loge Eugenia gefeiert, die viele Gesellschaftsräume hatte, und alle, alle

Nachbarn und Verwandten wurden eingeladen. Jede von uns bekam ein neues Kleid. Die Hausschneiderin, Fräulein Hoppe, saß wochenlang bei uns, flickte nicht nur und wendete alte Mäntel um in neue, nein, sie nähte herrliche Gewänder: aus Crêpe de Chine! Meine Mutter trug ein lindgrünes langes Kleid; das Jäckchen dazu hatte eingewebte Samtembleme, und ich hatte ein hellblaues Kleid, auch aus Crêpe de Chine, unten ausgebogt, ein glattes Mieder und schmale Achseln, auf den Achseln Rosen, künstliche aus rosa Stoff, und in den Bögen vom Röckchen nochmals Rosen. Eins war gewiß: Es gab auf der ganzen Welt nichts Schöneres als mich. Die Herren waren alle im Frack, und manchmal tanzte auch einer mit mir, das heißt, er schob mich halb stolpernd durch den Saal. Dazu die Damen in langen und tief ausgeschnittenen Kleidern, es war eine Pracht!
War ich doch bisher in Bendomin immer nur in selbstgestrickten Strümpfen, angeknöpft an ein Leibchen, und Hosen, die auch ans Leibchen geknöpft waren, herumgelaufen, trug ruppige Pullover und alte Mäntelchen, die wieder aus alten Mänteln geschneidert waren, hatte von früh bis spät in irgendeinem Stall gesessen, hatte bei Schafen, Kühen, Pferden, ja selbst bei den Schweinen jedes Futter mitgeschmeckt, hatte die Kohlrüben angeknabbert, am Schrot auf dem Speicher ge-

leckt und sogar den für das Vieh ausgepreßten Leinsamen nicht verschmäht. Es gab nichts, was ich nicht probiert, nichts, was ich nicht angefaßt hatte, kein Arbeitsgerät, keinen Hammer, keine Säge, keine Axt, mit der ich nicht versucht hätte, etwas zu richten. Den Blasebalg hatte ich bedient in der Schmiede, auf das rotglühende Hufeisen durfte ich klopfen, bei der Häckselmaschine das Stroh einwerfen, ja selbst beim Dreschen, das doch nicht ungefährlich war mit dem Stahlseil von der Lokomobile bis zum Dreschkasten, dem man nicht zu nahe kommen durfte, damit es einen nicht mitriß — überall hatte ich meine Nase dazwischen. Ich war dabei, wenn die Schweine unter lautem Gequieke auf die Waage getrieben wurden, wenn ein Lämmchen zur Welt kam, wenn einem kranken Pferd Glaubersalz eingegeben und sein Kopf ganz hochgereckt wurde am Zügel bis zur Heuraufe und ihm seitlich, dort, wo es keine Zähne hatte, der Flaschenhals mit dem bitteren Gesöff in den Rachen geschoben wurde und es widerstrebend die Medizin runterschlukken mußte; danach bekam es einen warmen Wikkel aus Decken um den Bauch mit Gurten festgeschnallt. Ich war dabei, wenn die Kühe auf einen neuen Kleeschlag getrieben wurden und einige dick wurden, das heißt, ihr Magen blähte sich so auf, daß sie fast einem Herzschlag erlegen wären;

da stach mein Vater oder der Schweizer hinter einer bestimmten Rippe dem Tier einen Trokar in den Leib — der ›Trokar‹ war ein dreiseitig geschliffener Dolch —, die Gase und grüner Schaum entwichen dem Kuhleib, und das Tier war gerettet. Alles, alles beobachtete ich, hobelte beim Stellmacher, nähte Geschirre beim Sattler, wenn der im Winter einige Wochen auf dem Hof alles, was kaputtgegangen war, reparierte; pflegte meine Kaninchen in ihrem besonderen Stall und ärgerte die Beamten. Und wenn ich abends ins Haus kam, meist durch den Kücheneingang, und mich den Wohngemächern näherte, dann gab's immer nur einen Schrei: »O Gott! Wie du wieder stinkst!« Das war schon beim Mittag so und erst recht am Winterabend, wenn ich vollgesogen vom Dunst der Tiere und der Ställe heimkehrte.

Und nun dieses Fest: Sabines Hochzeit mit dem goldzähnigen Helmut K. und mein erster Besuch auf Schloß Reichenburg. Ich glaube, das Grundgewölbe und ein Teil der noch vorhandenen Mauern stammten aus der Ordensritterzeit, und schon der Gedanke daran erweckte Schauer der Ehrfurcht in mir. Alles war von Efeu umrankt, das Wohnhaus schien ganz in Efeu ertrunken. Die Zimmer waren größer und höher als die in Bendomin. Fast alle Türen waren Flügeltüren und hatten herrliche Messingklinken, geschwungen

und gebogen, und am Ende des Griffes gab es eine Verdickung in Form eines Eies. Man konnte so sanft darüberstreichen und sich daran freuen.
Alles war kühl in diesem Haus, auch mein Schlafzimmer mit seinem hohen Fenster, der Federberg auf dem großen Holzbett, und nur am Abend wurde am Fußende die Kupferkruke mit heißem Wasser gefüllt, das die feuchte Kühle der Lagerstatt erwärmte. Auch das Wohnzimmer war kühl — eine merkwürdige Atmosphäre von Abstand lag über allen Dingen, nichts berührte sich wirklich. Es gab einen Radioapparat wie zu Hause. Alle Mahlzeiten wurden zur gewohnten Zeit eingenommen, und nach dem Frühstück ritt das junge Paar auf die Felder.
An etwas anderes erinnere ich mich nicht mehr — nur noch an eins, das war aber vor der Hochzeit. Sabine ließ sich Schlafanzüge nähen, die einem heutigen Sporttaucheranzug ähnelten, der vor Unterkühlung schützen soll. Der ganze Anzug war aus einem Stück genäht, aus grauem steifem Stoff, und hatte nur oben einen Einschlupf, vom Halsausschnitt bis zum Bauch eine Knopfleiste mit einfachen Wäscheknöpfen. Es war eine merkwürdige Konstruktion, ich hatte noch nie vorher etwas Ähnliches gesehen, und es ist mir lediglich deshalb in Erinnerung geblieben, weil die Großen sich verwunderten und darüber lachten.

Es dauerte nicht lange, da kam Sabine wieder zurück aus Schloß Reichenburg. Sie stand in ihrem alten Zimmer am Fenster, das auf den Hof führte, stand und starrte hinaus. Ich hatte den Eindruck, sie sah eigentlich nicht recht, was draußen passierte, und die Tränen rannen ihr über die Wangen. Immer, wenn ich zufällig reinkam, fand ich sie so, und dann hieß es, sie wolle nicht mehr zurück nach Schloß Reichenburg. Das wunderte mich sehr. Aber dann hörte ich einmal im Vorbeigehen, wie die Großen sich im Wohnzimmer unterhielten: ». . . ja, selbst mit der Pistole hat er sie bedroht . . .«
Na ja, wenn das so war, dann konnte ich verstehen, daß Sabine nicht mehr zurück wollte und lieber zu Hause blieb. Ich sah sie dann auch weniger oft weinend am Fenster sitzen — die Scheidung war wohl vollzogen, und das Leben nahm wieder seinen gewohnten Gang in Bendomin.

Vormittags hatte ich meine zwei Stunden Schule mit Süßerchen, las in der Pause den Fortsetzungsroman aus dem ›Pommereller Tageblatt‹ und lernte danach weiter Gleichungen, Grammatik und Englisch. So gegen elf Uhr waren wir mit allem fertig. Einmal in der Woche kam der polnische Volksschullehrer aus Będominek (Klein Bendomin), dem Dorf hinter der Kulamühle, jenseits der Ferse. Mit frischem weißem steifem Kragen und nach frischer Seife duftend, saß er eine Stunde neben mir und brachte mir aus einer Fibel die Anfangsgründe der polnischen Sprache bei: ›Ja mam, ty masz ...‹ — dabei blieb's leider; warum Polnisch lernen, wenn doch jeder auf dem Hof deutsch mit mir sprach? Worte wie ›psia krew‹ — das heißt ungefähr ›du Hundeblut!‹ —, die ich auf dem Hof lernte, ließen wir in der Stunde natürlich aus. Der Lehrer freute sich, wenn er anschließend noch ein bißchen Unterhaltung in der Familie fand, und trabte dann über die Wiesen und einen schmalen Steg über die Ferse wieder nach Będominek zurück. Mit dieser einen Stunde Unterricht war der Staatspflicht, eine polnische Schule zu besuchen, vollauf Genüge getan. So habe ich leider nie Polnisch gelernt.

Ich entsinne mich noch, wie empört mein Vater einmal aus Koszczerżyna von der Starostei nach Hause kam; er hatte den Starosten, das war der Landrat, sprechen wollen. Der war neu dorthin versetzt und hatte nur polnisch mit ihm gesprochen oder, besser gesagt, vorgegeben, daß er nicht Deutsch könne: ›Nie mówię po niemiecku!‹ Da hatte mein Vater dann wohl wie üblich seine Stimme erhoben, und schließlich sprachen beide doch deutsch. So konnte also niemand in unserer ganzen Familie Polnisch, und erst als mein Bruder mit 18 oder 19 Jahren zum polnischen Militär eingezogen wurde, hat er Polnisch gelernt. Er wurde nach der Grundausbildung an die polnisch-russische Grenze nach Galizien versetzt, an einen Ort, wo sich Fuchs und Hase gute Nacht sagten, wo die Grenze nach Rußland doppelt und dreifach mit Stacheldraht verriegelt war, unüberschreitbar wie unsere Zonengrenze heute.

Dort also traf mein Bruder Joachim auf einen Vorgesetzten, einen Leutnant mit seiner Frau, die sich ebenso langweilten wie er in seinem Dienst, und so saßen sie fast den ganzen Tag beim Samowar und spielten Sechsundsechzig oder sonstwas, und dabei lernte Joachim Polnisch, denn das Leutnantsehepaar konnte kein Wort Deutsch. Joachim also war der einzige in unserer Familie, der die polnische Sprache beherrschte. Als er nach eineinhalb Jahren nach Hause kam, waren seine Haare schon wieder nachgewachsen, denn jedem Rekruten des polnischen Militärs wurden die Haare bis auf fünf Millimeter kurz geschoren, wegen der Sauberkeit und der Hygiene. Anders konnte man der Läuse nicht Herr werden, die die meisten mitbrachten.

Ich entsinne mich noch eines anderen Nachbarsohns, der nach dem Dienst an der russischen Grenze völlig verstummt und teilnahmslos zurückkam — wie einer, der, aus langer Haft entlassen, eine Art Gefangenenpsychose durchmacht, wie wir sie nach dem Krieg so oft erlebten —, ehe er wieder auftaute; so stark waren für ihn die seelischen Belastungen des Lebens in der Einsamkeit.

Ich begriff das nicht. Mir kamen die Soldaten nie einsam vor. Welch ein einziges Fest waren die Manöver, wenn polnische Ulanen mit ihren Offizieren bei uns in Bendomin einquartiert waren. Ärgern tat sich nur mein Vater — und wie! —, denn kein Schloß, kein Riegel waren sicher, wenn eine Schwadron Soldaten bei uns auf dem Hof lagerte mit ihren Pferden. Die Pferde waren ihr Stolz; je besser sie gefüttert wurden, desto blanker sahen sie im Fell aus. Also klauten die Ulanen Futter, wo sie konnten, um so höher waren sie bei ihren Unteroffizieren angeschrieben, und diese drückten beide Augen zu; die Hälfte der Militärpferde stand sowieso in den Scheunen unter.

Die Offiziere aber und das Kriegsspiel waren das Aufregendste und Fesselndste für mich. Der Rittmeister war noch ein alter k.u.k. Offizier und von galanten Manieren, der Leutnant, Graf Pallavicziny, nicht minder, und es gab für diesen keine freie Minute, in der er nicht Süßerchen nacheilte, um ihr in innigem Flirt seine Hochachtung zu Füßen zu legen. Ganz gleich, wo Hildegard ging, stand oder saß, Pallavicziny war neben ihr. Die Offiziere aßen alle Mahlzeiten bei uns mit am

Tisch; nur ein einziger ganz junger Leutnant oder Fähnrich konnte nicht deutsch sprechen.
Für mich war das die amüsanteste Zeit in Bendomin, und wenn sie dann wirklich Krieg spielten, sich in Parteien teilten, auf den Feldern so etwas Ähnliches wie Konservenbüchsen aufstellten, die Rauch entwickelten — ob dies nun ein Gaskrieg sein sollte oder ob die Büchsen Kanonen oder MGs darstellten, ich weiß es nicht —, auf alle Fälle ritten sie wie wild durcheinander, es knallte an allen Ecken und Enden, und zum Schluß hatten die einen gesiegt und die anderen verloren. Arno Bertold, der vom Landbund als Versuchsringberater angestellt war und bei uns auf dem Gut lebte, fuhr mich mit seinem Motorrad mitten ins dichteste Schlachtgetümmel — das war die Chausseekreuzung Koszczerżyna—Klincz; es war hinreißend, und kein Kampf zwischen Apachen und Komantschen konnte aufregender sein. Wenn Herr Bertold nach dem Abendbrot bei uns noch kurz auf dem Sofa saß, ich muß damals zehn oder elf Jahre gewesen sein, sagte ich: »Die Liebe zieht, und ich muß!« und kuschelte mich ganz dicht neben ihn, und die Großen lachten wieder. Als Arno Bertold sich dann mit Fräulein H., einer Nachbarstochter, verlobte, war ich bitterböse, zweifelte aber nie, daß dies nur vorübergehend sei und er mich, nur mich allein heiraten würde.

Kräftig und Beschwerden leicht ertragend

> »*Kaschuben.* Alter slawischer Volksstamm, der ehedem das Gebiet zwischen Kolberg und der unteren Weichsel ausfüllte, gegenwärtig aber auf die westpreußischen Kreise Putzig, Neustadt, Karthaus und Danziger Höhe, zum Teil auch Berent, Konitz und Schlochau, beschränkt ist. Die Kaschuben sind ein mittelgroßer Menschenschlag, kräftig und Beschwerden leicht ertragend.«
>
> Aus: *Meyers Konversationslexikon* (1908)

So muß es wohl gewesen sein und war uns selbstverständlich: Alle unsere Arbeiterfamilien waren Kaschuben — die Kropidlowskis, die Hinzens, die Jakuszs, die Lipinskis, die Pallaszs und wie sie noch hießen.

Der einzige deutschstämmige Arbeiter, der uns verblieben war, war Karlchen Schock, der Schweinemajor, wie wir ihn nannten. Er wurde bei uns mit im Haus verpflegt; seine Angehörigen hatten alle 1919 für Deutschland optiert, Karlchen überließen sie uns. Von dem Gequieke der Schweine war er halb taub, und wenn er sprach, verstand man ihn kaum. Er hatte nur zwei Zähne. Brüllte man ihn aber an und fragte: »Koadelke, wie geit di dat?«, antwortete er immer freundlich: »Gut, gut!« Punkt elf Uhr vormittags erschien er, seine Holztrage auf dem Rücken, an deren Ketten zwei leere Eimer baumelten, und holte den Drangeimer aus der Küche. Dann schlurfte er zurück auf den Hof zum Schweinestall. Seine Füße hob er nie vom Boden, und die Holzbudeien (Holzschuhe mit Oberleder), worin sie steckten, waren nach kurzer Zeit ganz dünn geschliffen. Das ging so lange gut, bis an der Außenkante der Budeien auch das Oberleder weggeschliffen war und die Zehen rausguckten; dann bekam er neue. An den frühen Herbstabenden, wenn die Schweine versorgt waren, saß er in der Küche und schnitt Möhren und Wruken für die Gänse, jeden Tag zwei Körbe voll — ich schnitt mit und aß mit.

Karlchen schlief drüben im Inspektorhaus. Dort hatte er eine Kammer. Ein großes Vorhängeschloß hing ständig vor dem Riegel, als seien Schätze dort verborgen. Nur wenn er mit seinem Blechtopf voll Kaffee und dem Musbrot hinüberschunkelte, schloß er umständlich auf, öffnete die Tür rasch einen Spalt und schlüpfte hinein. Es gelang mir nie, reinzugucken, aber ein fürchterlicher Gestank fuhr heraus.

Karlchen trug die alten Anzüge meines Vaters. Dieser wog damals zweihundertzwanzig Pfund brutto und Karlchen höchstens einhundertzwanzig Pfund netto. So hing ihm der Hosenboden der Anzüge in den Kniekehlen, und die Hosenränder schliffen sich zusammen mit den Budeien am Schmutz und Pflaster kurz. Wenn er wieder einmal einen Anzug geerbt hatte und sonntags frisch rasiert war und seine Apfelbäckchen herausguckten, freuten wir uns alle, wie stattlich er aussah. Für gewöhnlich lebte er unter einer Kruste von Drang und Schweinefutter, auch die Hände waren braun und schuppig. Nur manchmal schimmerte durch ein Dreiecksloch in der Hose ein Stück Haut ganz rosig. Das hat mich immer gewundert. Karlchen hatte genug Wäsche zum Wechseln und immer zwei Anzüge. Er wechselte aber nichts, er trug alles so lange, bis es von ihm abfiel. Ein paarmal im Jahr wurde ein Scharwerksmädchen abkommandiert, die mußte bei ihm saubermachen und Wäsche waschen. Aber es gab nichts zu waschen. Sie nahm ihm nur die alten Lumpen fort, die wurden mit dem Bettstroh zusammen verbrannt. Wie das knisterte und knackte! Ich glaubte immer, die zerplatzenden Flöhe knackten so. Das Mädchen wischte und scheuerte die Kruste vom Tisch und von den Möbeln und jagte den Rest des Ungeziefers mit der

Lauge über die Schwelle. Karlchen hängte dann das Schloß vor seine Tür und machte wieder alles dicht.

Jedes Jahr bekam die Frau von Josef Kropidlowski, unserem Kutscher, ein Kind. Zu ihrem Deputat an Getreide und Kartoffeln hielt sich jede Familie ein oder zwei Schweine, eine oder zwei Kühe, Hühner, Enten und etliche Gänse. Die Leutekühe kamen auf die von unseren Kühen schon abgegrasten Weiden zum Nachgrasen, die Schweine blieben in ihren Koben, und die Gänse hatten im Herbst den Vorzug, auf den abgeernteten Feldern die Körner, Ähren und auch das Gras zu rupfen. Irgendein kleiner Junge hütete sie; dafür bekam die Herrschaft zur Zeit, als mein Vater den Hof übernahm, also um 1900, die sogenannten ›Hälftgänse‹, das heißt, die Hälfte aller Gänse, die bei uns auf die Weide getrieben wurden. Zu meiner Zeit waren es nicht mehr so viele Gänse, die wir uns aussuchen durften, aber wir hatten mit der Aufzucht keine Sorgen, brauchten die Gänse nur nachzumästen, um so zu unseren Spickbrüsten, Gänsebraten und Gänseweißauer zu kommen. Jede Arbeiterfamilie hatte auch ihren Streifen Acker, der jährlich neu ausgemessen wurde und zum Deputat gehörte, den sie mit Kartoffeln, die ja ihr Hauptnahrungsmittel waren, Sauboh-

nen, grünen Erbsen, Möhren und natürlich auch mit verschiedenen Sorten Kohl bepflanzten.
Kochen, Waschen, Nähen, Graben und Pflanzen, Hacken, Füttern, Kinderkriegen und Versorgen, dies alles lag in der Hand der Frau, und wenn sie mit vierunddreißig Jahren neun Kinder hatte und das zehnte erwartete, wer half ihr? — Sie hatte niemanden, der ihr half. Sie kniete noch am Vormittag auf dem Acker und hackte die Kartoffeln aus der Erde, für die Familie zum Mittag, setzte sie bei auf dem Ziegelherd, damit wenigstens etwas zu essen da war außer dem Brot, das sie auch selbst buk, legte sich nieder, die Hebamme wurde gerufen und im Kutschwagen abgeholt. Das Kind wurde geboren, der Mann bekam einige Tage frei.
Wie war das möglich, daß sie dies alles ertrugen, jahraus, jahrein? Mit fünfunddreißig Jahren sahen sie aus wie Fünfzigjährige, diese Frauen, zahnlos oft und welk.

»Ihre Wohnungen sind armselige Lehmhütten mit kleinen Fenstern, darüber ein Strohdach«, heißt es im Lexikon. Unter dem Strohdach befanden sich eine Stube, eine Kammer, ein Flur, über allem der Heuboden. Unter demselben Dach waren anschließend der Stall, der Schuppen, das Vieh, der Torf, das Holz, dahinter der Misthaufen und noch ein Stückchen dahinter das Häuschen ohne Schlüssel. Meist war rechts vom Eingang eine Wohnung für die eine, links vom Eingang die Wohnung für die andere Familie. Rauch aus dem Ziegelherd, Rauch aus dem Ziegelofen im Winter, Myrten auf der winzigen Fensterbank, über den Betten rechts und links der Heiland und Maria an der Wand, geschmückt mit Papierblumen, und ihre Hände zeigten auf die offenen blutenden Herzen in ihrer Brust. Ein fleckiger Spiegel, darunter auf einem Brettchen ein Kamm. Vor dem Fenster ein gescheuerter Fichtenholztisch, eine selbstgezimmerte Bank und, wenn's viel war, zwei Stühle. Die Wassertonne im Flur oder im gleichen Raum. In der Kammer dahinter wieder Betten: zwei, drei, vier ... ein Schrank oder Kasten, Haken für die Joppen.

Der Fußboden war aus roten Ziegeln — die wurden jeden Sonnabend geschrubbt, bis sie leuchteten, und dann mit feinem gelbem Sand bestreut —, und um den Ofen war eine Bank. Die Häuser waren ebenerdig, hatten nur gelegentlich einen flachen Kellerraum. Rechts und links neben den Häusern war ein Gärtchen, ganz klein, mit Zwiebeln, Suppengemüse, Majoran und dergleichen und manchmal auch mit Blumen. Als Zaun um diese kleinen Gärtchen wurden dicht bei dicht Birkenreiser in die Erde gesteckt, damit das Hüh-

nervolk sich nicht dazwischenklemmen konnte und alles wieder auskratzte, was gesät war.
Damals gab's in keinem der Häuser eine Wasserleitung, die Frauen aus den Häusern am Bruch mußten ihr Wasser aus der Leitung im Pferdestall holen — mit der Trage auf dem Rücken, den Holzkreuzen auf den vollen Eimern, damit nicht zuviel Wasser beim Tragen überschwappte; die, die an der Ferse wohnten, holten ihr Wasser aus dem ›Spring‹. Ihr Weg war nicht so weit.
Unser Pumpwerk auf dem Hof, das mit dem Roßwerk betrieben wurde, gab gerade so viel Wasser her, daß es fürs Haus und fürs Vieh reichte. Das Vieh wurde in den Ställen getränkt. Jedesmal war es eine Katastrophe, wenn die Pumpe kaputtging; dann wurde ein Wasserwagen vors Haus gefahren, woraus unsere Mädchen das im ›Spring‹ geschöpfte Wasser ins Haus trugen. Sollte es mit der Wasserversorgung klappen, mußte mindestens ein Pferd einen halben Tag lang das Roßwerk in der Runde drehen. Der Fohlenjunge saß auf dem Brett in der Mitte und döste. Wenn das Pferd stehenblieb, trieb er es wieder an. Meistens war es Panuschka, auf der wir alle reiten gelernt hatten, sie war das geduldigste aller Pferde; manchmal wurde aber auch eins von unseren Kutschpferden, den leichten Ostpreußen, ins Roßwerk gespannt, sie waren aber zu nervös

und vor Aufregung, immer in der Runde gehen zu müssen, nach einer Stunde pitschnaß, so daß sie wieder ausgespannt werden mußten.
Unter unseren Arbeiterhäusern hatten wir zwei, die noch aus Lehm gebaut waren, das tiefhängende Strohdach reichte bis an die Oberkante der kleinen Fenster. Eines dieser Häuschen brannte später ab. Auch die eine Hälfte unseres Kornspeichers, der sogenannte Torfstall, war aus Lehm und Fachwerk gebaut. Der Sockel bestand aus großen Feldsteinen, dann waren Lehm und kleine Feldsteine zwischen die Balken gemauert, die Wände waren dick, und nur so hatte die Sache Halt.
Einige unserer Arbeiterhäuser, die mein Vater neu hatte aufbauen lassen, waren aus Ziegelwänden, hatten größere Stuben und Kammern, und statt des üblichen Strohdaches waren sie mit Dachpappe gedeckt. Übrigens waren sämtliche Hofgebäude in Bendomin so gedeckt, und jährlich kam der Dachdeckermeister mit einigen Gesellen, flickte die kaputten Stellen mit neuer Pappe und goß Teer über die ausgebesserten Flächen. Mitten auf dem Hof brodelte über prasselndem Holz- und Torffeuer ein großer Kessel, daraus wurde in alten Eimern der Teer geschöpft, über die Dächer gegossen und mit einem Besen ein wenig glatt gestrichen. Von den Dachrändern

hingen dann statt Eiszapfen Teerzapfen und tropften langsam und zäh zu Boden. Die sammelte ich auf und formte kleine Männchen daraus, die Teermasse war noch geschmeidig; so wurde mein Kunstbedürfnis endlich einmal ausgiebig gestillt, nur die Waschfrauen ärgerten sich über die Teerflecken in meiner Wäsche. Hatte ich sonst den Wunsch, irgend etwas zu kneten, konnte ich nur in die Lehmkuhle hinter dem Sauen- und Ferkelstall gehen. Wenn es frisch geregnet hatte, standen dort Pfützen, und der Lehm war fast so formbar wie Ton. Da hockte ich im Dreck und formte Menschen nach meinem Bilde, legte sie auf Bretter, die ich fand, und bald war eine Galerie mit Ali Baba und seiner Räuberbande beisammen, und ich war unendlich stolz.

Ein Sandhaufen lag unter dem Fenster des Herrenzimmers neben den Kletterrosen. Ich baute Burgen, Wälle darum, Wälle von Burg zu Burg, Gräben mit Wasser, das sofort versickerte, Brükken aus Holzspänen, Wälder aus abgerissenen Eisbeerbuschzweigen, die immer welkten, Zinnsoldaten, die über die Brücken ritten — Brücken, das einzige Beständige —, Fähnchen aus Lappen auf den Zinnen, die, aus nassem Sand geformt, nach wenigen Stunden zerfielen, wenn sie nicht der Dackel zertrat, der da hineintapste — was machte es? Fangenspiel mit ihm ums Rondell,

Hühner jagen, gemeinsam, die hatten nichts im Garten zu suchen: »Hasch kury!« Deutsch, polnisch ging's durcheinander.

Am Sonntag Krocket auf der geharkten Lindenallee mit viel Zank: Hast du die Kugel wirklich getroffen, hat sie sich bewegt? — Klippchen spielen; Kulasch: eine runde Baumscheibe, vom Stamm abgesägt, wer kann damit am weitesten kullern? Die Astgabel für das Katapult, Spatzen schießen, ja, aber Spatzen treffen? — der Stein war nicht rund genug fürs Geschoß, bessere Steine suchen, die sich nicht drehen nach dem Abschuß. Himbeeren essen, Erdbeeren essen, die ersten gelben Äpfel morgens im kalten Tau aus der Wiese sammeln — da sind ja schon Spuren, da waren also die Lümmel aus dem Dorf schneller als ich! Und abends Lieder auf der Dorfstraße, Mädchen, die auf und ab gingen und sangen, wenn die Linden ihren gelben Duft verströmten — Sommer, Sommer, sehr viel Sommer.

Unsere Leute waren arm, das Geld reichte nur selten zu Stiefeln oder Schuhen; im Sommer steckten die braungebrannten Beine der Mädchen nackend in Holzpantinen, im Winter in dicken, selbstgestrickten Strümpfen, auch in Holzpantinen. Auf dem Kopf hatten sie Tücher, die sie mit Zeitungspapier ausfütterten und unter dem Kinn zusammenbanden. Die Tücher waren meistens weiß und leuchteten in der Sonne auf den Feldern. Die Mädchen trugen Kattunkleider, eine Schürze und im Winter eine Art Joppe, einen Mantel habe ich bei ihnen nie gesehen. Den trug nur unser Kutscher, sein Mantel war dunkelblau und lang, eine Art Livree, die wir ihm hatten nähen lassen, mit silbernen Litzen und blanken Knöpfen. Er hatte auch eine Pelzmütze und einen großen, langzotteligen Pelzkragen, der ihn ganz einhüllte, wenn er vorne oder hinten auf dem Schlitten saß.

Und die Arbeiterkinder, was hatten sie im Winter? Geflickte, dicke ausgeflüschte Fausthandschuhe, selbstgestrickte Strümpfe, ein kleines abgetragenes Jöppchen, Holzpantinen — und immer eine Tropfnase und Läuse. Da wir im Winter hauptsächlich zusammen spielten, den Berg zum Fersefluß, am ›Spring‹ vorbei, hinabrodelten, hatte ich die Läuse auch. Da ging es leidenschaftlich zu, wer wohl den meisten Schwung hatte und am weitesten bis zum Wasser kam, und wir wechselten die Schlitten, und die Fausthandschuhe waren unsere Taschentücher, mit denen wir wegputzten, was unter der Nase hing.

Zu Hause gab's einen ganz besonderen Kamm, dessen Zinken so eng standen, daß wirklich nur ein Haar durchging. Ich wurde zwischen die Knie von irgend jemandem geklemmt, festgehalten und so lange gekämmt, bis kein winziges graues Tierchen über die Zinken des Kammes krabbelte. Danach wurden die Haare gewaschen, und ich war wieder in die Freiheit entlassen, in die Freiheit von Schnee und Eis, Stall und Hof, Schmiede und Stellmacherei.

Immer noch bin ich nicht zwölf Jahre alt, meine Welt ist nach wie vor Bendomin, mit seinem großen Garten, den blühenden Narzissenrabatten, den Spyreen, dem großen, roten Mohn, dem Flieder, dem Goldregen, dem Rotdorn, den blühenden Linden und Akazien, dem Bienengesumm in den blühenden Himbeeren, dem unbeschreiblichen Duft, der immer in der Luft lag, zu jeder Jahreszeit und erst recht vor und nach den Gewittern. Ob sich zwischen den vielen Seen und dem Flußläufchen unserer Ferse die Unwetter besonders gerne aufhielten, ich weiß es nicht; fast jedesmal schlug der Blitz in irgendeinen Baum im Garten ein, und wenn einer von uns sagte, warum haben wir keinen Blitzableiter auf dem Haus und auf den Ställen, sagte mein Vater immer: Die Bäume sind der beste Schutz.
Wenn die Gewitter vorübergezogen waren, wie war die Welt dann wieder schön, wie hoben sich die niedergedrückten Dolden des Flieders, wie

warm rieselten die Regenbäche durch den Garten, wie gut patschte es sich barfuß darin herum. Die Narzissen dufteten doppelt so stark, und wie weich und schmeichelnd war die Luft! — Nicht so wie hier in Bayern, wo es nach jedem Gewitter meistens einen Temperatursturz von 20 Grad gibt und man eine Wolljacke überzieht.

Eine Urangst vor Gewitter ist mir geblieben, seit der Zeit, da ich meinen Vater mit besorgtem Gesicht durchs Haus wandern sah, bei Nacht eine Kerze in der Hand, wenn die Hunde unter die Betten krochen und wenn aus den Telefonleitungen immerzu blaue Flammen und Funken schlugen.

Zu Anfang des zwanzigsten Jahrhunderts war in Bendomin erst die eine Hofhälfte durch Blitzschlag abgebrannt, dann drei Jahre später die andere Hälfte. Die Gebäudeversicherung war gering, und mein Vater baute alles wieder auf, aus eigenem Fleiß und aus eigener Kraft.

Aber ich muß es noch einmal sagen: Es gab noch 1940, als ich Bendomin sozusagen endgültig verließ, weil ich heiratete, nach wie vor weder auf den Ställen und Scheunen, die nicht durch einen alten, hohen Baumbestand geschützt waren, noch auf dem Wohnhaus einen Blitzableiter. Dabei hatten wir gar kein schlechtes Verhältnis zur Technik und ihren Fortschritten; das Auto war da und sehr, sehr früh auch ein Radioapparat mit Batterie und Akkumulator. Ehe das Ding ins Haus kam, sagten die Großen: Nun können wir Berlin hören und auch Königsberg. Wunder über Wunder für mich: Ich würde also in Zukunft hören, wie in Berlin die Leute über die Straße gingen, wie die Autos hupten und die Vögel sangen und die Straßenbahnen quietschten. Daß es einen Sender gab, der ein bestimmtes Programm sendete, und man dieses und nur dieses hören konnte, das war schon eine arge Enttäuschung für mich.

Später, als ich bei Großvater Eder und Tante Toni in Danzig für kurze Zeit in Pension war, saßen die beiden Guten, nachdem der Abendbrottisch abgeräumt worden war, vor ihrem Detektorradio und hatten ihre Kopfhörer fest an die Ohren geklemmt, und ihre Ohren waren ganz flach und zart, an den Rändern gefaltet wie Pergament. Tante Toni legte dazu ihre Patience, während Großvater nachdenklich an seiner Zigarre zog. In diesem Detektor war ein glitzernder Stein eingesetzt, den man drehen konnte, und ein metallener Haken, den man auch drehen konnte und der den Stein an immer neuen Stellen berührte. Wenn man an beidem drehte, konnte man den Empfang verbessern. So drehten sie und horchten und horchten und drehten. In diesem halben Jahr bei den Großeltern wurde ich vor Langeweile fast trübsinnig. Da nahmen mich meine Eltern von dort wieder fort.

Die zwanziger Jahre im polnischen Korridor— kein Kampf um Literatur, Malerei, Kultur, lediglich ein einziger Kampf: Wie erhalte ich mein Gut, trotz Maul- und Klauenseuche, trotz Rotlauf, trotz Tollwut, trotz starker Belastungen, die nicht einkalkuliert werden konnten. Zwanzig Stück Rindvieh erschoß mein Vater eigenhändig auf der Koppel hinter dem Hof, die Tiere waren alle von einem tollen Hund gebissen worden. Auf der Koppel wurde eine große, tiefe Grube ausgehoben, die Kadaver wurden hineingeworfen, mit Ätzkalk bestreut, die Grube wieder geschlossen. Einmal, als wir abends an der Hofeinfahrt standen und die Leute von der Arbeit heimkamen, sprang ein Hündchen munter mit einem auf dem Rücken geringelten Schwänzchen auf mich zu und biß mich in den Oberschenkel. Das arme Hündchen wurde erschossen und irgendwohin eingeschickt, und ich mußte jeden Tag, in den Kutschwagen gepackt, von Josef nach Koszczerżyna ins Krankenhaus gefahren werden. Wochenlang bekam ich täglich von Dr. Lewandowski eine Spritze in den Bauch. Zu Anfang machten mir die Fahrten nach Berent noch Spaß, auf die

Dauer war's langweilig, eine Stunde hin, eine Stunde zurück, und selbst die Brezeln von Bäcker Paschke am Markt in Koszczerżyna trösteten mich nicht mehr.

Wir Kinder hatten damals einen Spruch aufgeschnappt. Sowie Herr Rollnick, ein tüchtiger Landwirt aus Wendfie, sich bei uns auf dem Hof blicken ließ, plapperten wir unaufhörlich: »Reinhard Rollnick, Rindvieh auf Wendfie.« Dabei hatte niemand Veranlassung, gerade auf Herrn Rollnick herabzublicken, denn er war ein ausgezeichneter Landwirt und sein Besitz in allerbester Ordnung.

Das soziale Gefüge war auf allen Gütern das gleiche, ob auf Grabowo oder Lubahn, Niedamowo oder Preetz: die Herrschaft (der Besitzer); der Beamte, der Eleve, der Hofmeister; der Gespannführer, der Schmied oder der Stellmacher; die Mägde und die Saisonarbeiter. Sie alle wurden nach einem festen Tarif entlohnt, bekamen ihr Deputat, ihr Ackerland, ihren Garten, ihren Viehweideanteil, ihre Torfstechtage. Es gab eine gesetzliche Krankenversicherung — der einzige Unterschied zu heute war, daß man den Arzt überhaupt erst in Anspruch nahm, wenn man glaubte, es ginge dem Ende zu, und der Zahnarzt war ein Luxus, den man sich überhaupt nie leistete; die Alten mümmelten ihr Brot so lange zwi-

schen den Backen hin und her, bis es hinunterrutschte.
Ich entsinne mich, daß einer unserer Schweizer fast ein halbes Jahr lang eine dicke Backe hatte und sicher unendliche Schmerzen; schließlich brach das Kiefergeschwür nach außen durch die Backe und verheilte gut, nachdem aller Eiter ausgeflossen war, doch blieb eine tiefe, walnußgroße Narbe auf der einen Gesichtshälfte zurück. War jemand nur ganz gewöhnlich krank, durfte er früh mit dem Milchwagen zum Arzt nach Koszczerżyna fahren. Neben dem Fahrer war ein Sitzplatz frei, hinten standen die Milchkannen, die nach dem Frühmelken die zehn Kilometer in die Kreisstadt zur Molkerei gefahren wurden. Dieser Wagen hatte den Vorteil, daß er gefedert war und nicht so rüttelte wie ein gewöhnlicher Kastenwagen. Um dreiviertel sechs in der Frühe fuhr der Wagen los, mittags gegen elf kam er zurück. Das Zentrifugieren der gesamten Milch in der Gutsküche hatten wir aufgegeben, das Abliefern der Sahne allein hatte sich nicht als rentabel erwiesen. So gab's als Rücklieferung Magermilch, für die Fütterung der Schweine und Kälber, und Käse und Butter, je nach Bedarf, fürs Haus.
Übrigens war die Einstellung meines Vaters gegenüber Arztbesuchen bei seiner eigenen Familie nicht viel anders als die hier beschriebene. Ich

hatte mein Leben lang ein schlechtes Gewissen, wenn ich zum Arzt mußte; es erschien mir als Eingeständnis einer Minderwertigkeit.

Von Kind an war ich bei allem, was auf dem Hof passierte, dabeigewesen: Zeugung, Geburt, Tod waren nichts Absonderliches. Wir hatten Hengste, Bullen, Eber, Böcke, Hähne, Ganter. Mein Vater hatte sich gleich nach dem Ersten Weltkrieg zwei schwere belgische Hengste gekauft, auf denen er ursprünglich sogar geritten sein soll. Vor allem aber hatte er sie deshalb gekauft, um einen Stamm starker Ackerpferde heranzuziehen. Wir hatten einen Ostpreußenhengst und eine Zucht leichter Pferde für unsere Kutschwagen und zum Reiten. Die schweren Hengste ließ er vor seinen Dogcart spannen, in dem er immer über die Felder und zum See fuhr.
Sprang der Hahn auf die Henne, der Hengst auf die Stute, war ich immer unmittelbar anwesend. Die Urgewalt, die hinter dem Zeugungsakt stand, die Kraft, ja die Raserei, die die Tiere ergriff, erschreckten mich jedesmal aufs neue. Der Rausch, der über sie kam, der jedes Hindernis niederriß, der sie nicht davor scheuen ließ, sich zu verletzen und auch dem anderen Tier Wunden beizubringen, das alles war mir unheimlich, ja, ich fürchtete mich fast.

Aber da war noch etwas, das ich nicht begriff: Dies alles geschah unter der Kontrolle des Kutschers, der Knechte, des Hofmeisters oder der gesamten Schweizerfamilie, Vater Lipinskis und seiner drei Söhne. Das, was ich am allerwenigsten begriff, war der sich verändernde Gesichtsausdruck sämtlicher anwesender Männer: Die Augen verengten sich, und um den Mund kam ein Lächeln, das sonst nie um ihren Mund spielte. Für mich gab's gar nichts zu lächeln. Es war die veränderte Menschenwelt, die veränderte Männerwelt, die mich ängstigte — ach, ängstigen ist zuviel gesagt —, die mich nachdenklich machte, soweit man in diesem Kindesalter, in dem ich mich damals befand, von Nachdenklichkeit sprechen kann.

Immerzu und immer wieder Bendomin, als sei dies ein Stoff, der nie ausgeht! Einmal kam ich in den Pferdestall, da stand Wladek, der Fohlenjunge, auf einem der Trennbalken zwischen den einzelnen Gespannen und hatte sich mit einer Stute vereinigt. Wir rissen beide die Augen auf und blickten uns tief erschrocken an. Irgend etwas erschien mir da nicht richtig und in gewisser Weise sehr unangenehm. Ich erschrak mehr für den Jungen als für mich: daß der Junge sich nicht ekelte! Er war ein Junge aus einer zwölfköpfigen Familie, alle zusammen hausten sie in ihrer Lehmhütte mit dem einen Wohnküchenraum und einer bescheidenen Kammer. Zwanzig oder dreißig Jahre später, als auch bestimmte Fremdworte in meinen Sprachschatz eingedrungen waren, da wußte ich, was ich gesehen hatte: Sodomie. Was sagt dieses Wort eigentlich? — Sagt es nicht: Einsamkeit, Dumpfheit, Verlassenheit?

Und dann geschah das Unglück, wobei ich nicht von mir sagen kann, ich sei dabei gewesen und hätte etwa auf dem Strohhaufen vor dem Jungviehstall versteckt alles mitangesehen. Ich weiß es nicht, ich weiß es ebensowenig, wie ich von mir sagen kann: Du hast ja damals, 1923, die tote Großmutter Hedwig Modesta in ihrem Sarg gesehen.

Vater Lipinski führte den Bullen an der Stange aus dem Stall. Alle Bullen haben einen Ring durch die Nase, da sie allein schon durch eine unbedachte Bewegung ihres Kopfes einen Menschen mit ihren Hörnern schwer verletzen können, ohne direkt bösartig zu sein. An diesen Ring hakt man eine lange Stange und kann so das Tier, ohne sich selbst in Gefahr zu bringen, dorthin führen, wohin man will — in der Nase hat der Bulle recht schmerzempfindliche Nerven und gibt dem Zug der Stange nach. Die Kuh, die gedeckt werden sollte, war schon an langer Kette von einem der

Söhne auf den Hof geführt. Nun waren unsere Bullen, da sie aus anerkannten Zuchten gekauft waren, recht stattlich und wogen an die achtzehn bis zwanzig Zentner. Wie es geschah, weiß ich nicht — der Bulle riß sich jedenfalls los und rannte auf den alten Lipinski zu, dem keine Zeit zur Flucht blieb, und preßte ihn mit den Hörnern mitten in den Leib an die Stallwand.

War Lipinski auf der Stelle tot? Ich glaube, er wurde in seine Wohnung am Bruch getragen und lebte dort noch qualvoll vierundzwanzig Stunden. Ihn ins Krankenhaus zu bringen war sinnlos; einer solchen Operation war man damals in den kleinen Landkrankenhäusern gar nicht gewachsen. Wohl konnte Dr. Lewandowski in Koszczerżyna mir den vereiterten Blinddarm rausschneiden und meiner Mutter bei Koliken Morphiumspritzen geben — darüber hinaus war nicht viel möglich.

Ich kann nur hoffen, daß Lipinski, wenn er noch gelebt haben sollte, seine Schmerzen mit Hilfe von Morphium ertragen konnte. Ich weiß nichts von seinem Begräbnis, ich weiß nicht, ob unsere Familie geschlossen daran teilnahm, wie es wohl selbstverständlich war. Ich war bestimmt nicht dabei, entsinne mich nur der Mägde, die in der leeren Sattlerstube Tannenkränze mit Blumen wanden, wie immer, wenn jemand gestorben war, und ich erinnere mich, daß von nun an Josef Lipinski, der mit der walnußgroßen Narbe im Gesicht, Chef der Familie wurde.

Horch, wie Nachbars Hündchen bellt!
Hündchen hat den Mann gebissen,
hat des Bettlers Kleid zerrissen.
Bettler eilt dem Hause zu.
Schlaf in guter Ruh!

So fest war sie gefügt, die Welt meiner Kindheit, da rief keiner: Steh auf, lauf dem Mann nach, sieh, was der Hund gemacht hat, und flicke das Kleid, nein, da sang einer: Schlaf in guter Ruh.

Säen und ernten

Immer noch kroch die Zeit langsam dahin wie eine Schnecke, die einen trockenen Sandweg überquert; immer noch war ich der Herumtreiber zwischen Ställen, Scheunen, Staken, auf der Suche nach Eiern, die die Hühner weglegten, hinten im Strauchhaufen. Jedes gefundene Ei wurde zum Zuckerei geschlagen, mit einem Gläschen Tokajer drin, damit ich kräftiger werden sollte. Endlich bekam ich die Erlaubnis, im Sattel zu sitzen, ich brauchte mir nicht mehr auf Panuschka den Po auf der rauhen Decke und dem spitzen Rücken wundzureiten, ich durfte auf Nixe reiten, einer Ostpreußenstute, einem dunklen Schweißfuchs: Ritte in die Barkoschiner Heide, an unserm Moor entlang, zum See. Die ersten Versuche, mit Nixe über Gräben zu springen, die das Bruch entwässern sollten. Wer siegte, sie oder ich? Brach sie kurz vor dem Graben aus, siegte sie; mußte sie hinüberspringen, hatte ich gewonnen. Zwischen den Kiefern in der Barkoschiner Heide, hinter der Schlucht, stand ein zwei Meter hoher gemeißelter Stein aus Granit, ein Wegweiser aus der Zeit, als es noch nicht die Chaussee gab. Da stand in verblichener Schrift und in deutscher Sprache drauf: nach Barkoschin, nach Lubahn, nach Berent. Dies war mein Wahrzeichen, dieses Land war einmal deutsch, gehörte zu Deutschland. Man hatte vergessen, den Stein zu entfernen. Und niemand außer mir wußte mehr, daß es ihn gab.

Neben mir ritten damals Old Shatterhand und Winnetou, und im Gefolge kamen später ›Die Heilige und ihr Narr‹, ›Kristin Lavranstochter‹, Rilkes ›Cornet‹ und Hamsuns ›Victoria‹. Sie begleiteten mich — hörten sicher auch die Lönslieder im Bruch: ›Horch, wie der Tauber ruft, o du, o du ...‹ Eine Zeitlang ritten auch Maria Stuart und das Mädchen von Domremy mit mir oder Don Quichotte, ich war mit allen zufrieden. Hinten im Bücherschrank im Wohnzimmer stand eine alte Ausgabe Schillerscher Dramen mit herrlichen Bildern, Kupferstichen, die hatten es mir angetan: bauschende Vorhänge, schleichende Zofen, kühne Ritter und Kavaliere, fächerspielende Damen, Schleier, die wehten, Kniefälle zum Erbarmen, Scheiterhaufen, Särge ... Nicht wegen Schiller las ich die Dramen; wer Schiller war, wußte ich damals nicht, ich las sie wegen der Bilder. Währenddessen saßen die großen Schwestern und Süßerchen in ihrem Zimmer, machten bedeutende Gesichter und lasen Nietzsche ›Also sprach Zarathustra‹. Das war ziemlich doof und interessierte mich überhaupt nicht, dann schon eher das, was mein Vater abends, wenn wir um die einzige Petroleumlampe versammelt waren, aus dem ›Pommereller Tageblatt‹ vorlas, aber eigentlich langweilte mich das auch. Die Großen — meine Geschwister und Süßerchen — saßen im Halbschatten und knüpften Filetdeckchen oder stickten Kaschubenmuster. Ich hockte meistens auf der Ofenbank, meine Mutter strickte, manchmal wurde das Radio angemacht, und wenn meine Mutter allein war, hörte sie Bach oder zu Ostern die Matthäuspassion; das ging mir ganz und gar auf die Nerven.

Zweimal im Jahr fuhren wir in die Kirche, das eine Mal zu Weihnachten, Gott sei Dank aber nicht an Heiligabend, das hätte ja das ganze Fest verdorben, sondern am ersten Feiertag. Da saßen wir auf unseren Plätzen in der kahlen Barkoschiner Kirche, rechts und links vom Altar eine ungeschmückte Fichte, konnten unsere Namensschilder auf den Bänken buchstabieren und froren uns tapfer durch die Zeit der Predigt und der Liturgie. Die Predigt verstand ich selten, die Liturgie sowieso nicht. Das ›Vaterunser‹ konnte ich mitsprechen. Dann war zum Glück bald Schluß. Das zweite Mal im Jahr fuhren wir an Karfreitag in die Kirche, da blieb mein Vater meistens zu Hause. Statt ›Stille Nacht, heilige Nacht‹ wurde nun ›O Haupt voll Blut und Wunden‹ gesungen, und es war nicht mehr so bitterlich kalt im Raum. Nach dem Gottesdienst stiegen wir in unsere Kutschwagen, die Pferde waren vom langen Stehen unruhig, wir nickten den Nachbarn zu, hüllten uns in unsere Pelzdecken, und fort ging's.

Abends vor dem Schlafengehen habe ich immer gebetet, und hätte ich es vergessen, so wäre ich mir sehr schäbig vorgekommen.

Eine Regel wurde am Karfreitag immer strikt eingehalten: Es gab den ganzen Tag lang kein Fitzelchen Fleisch zu essen, auch keine Wurst und keinen Schinken, und es wurde kein Speck oder Schmalz zum Braten oder Kochen verwendet.

Schon lange vor Ostern wurden Birkenreiser geschnitten und in einem Steintopf auf den Herd hinten auf den Backofen gestellt, damit wir zu Ostern grüne Reiser hatten, für Blumenvasen — und natürlich zum ›Stiepern‹: Wir schlugen mit unseren Ruten den andern um die Beine, bis sie sich quiekend und hopsend mit einem Ei freikauften. Zu Ostern selbst mußte man vor Sonnenaufgang, ohne ein Wort zu sprechen, zur Quelle gehen — zum ›Spring‹ — und sich dort waschen oder einen Krug des klaren Wassers mit ins Haus bringen; tat man das, war man das ganze Jahr lang schön und gesund. Ich hab's nie getan, aber ich weiß, daß unsere Hausmädchen es taten, doch meist ging's nicht ohne Gejuchze ab, weil wir ihnen auflauerten, und dann wirkte das Wasser nicht, es hatte seine Zauberkraft verloren, und man blieb häßlich oder hübsch, geradeso, wie der liebe Gott einen geschaffen hatte.

Ein großes Ereignis war für mich jedesmal die Kartoffelernte, die damals noch ganz ohne Maschinen bewältigt wurde. Ja, mein Sohn Andreas, wenn ich zaubern könnte, würde ich dir einen solchen Hof schenken, selbst wenn er halb so groß wäre wie Bendomin; und du würdest über die Felder gehen, hättest eigene Erde unter den Füßen und könntest verwirklichen, wovon du träumst.
Zwanzig bis dreißig, ja manchmal bis zu sechzig Leute zogen auf das Feld; jeder hatte eine Hacke und vier Körbe, runde, geflochtene Weidenkörbe, fünfundzwanzig Pfund Kartoffeln mochten in einen Korb hineingehen. Der Hofmeister Pallasz und dazu ein Mann mit einem Fuder Stroh, einem Spaten, einer Forke und der Zigarrenkiste mit den Pachimen — das war alles, was gebraucht wurde. Die Leute knieten in den Furchen, jeder hatte eine Schürze aus einem alten Sack vorgebunden, und so rutschte man den gan-

zen lieben langen Tag auf den Knien über das Feld, hackte mit einer viergezackten, kurzen Hacke die Staude aus, griff das Kraut, schüttelte die daran zum Teil noch festgewachsenen Knollen ab, sammelte alles geschwind in den Korb, hackte einmal rechts, einmal links, rutschte weiter, zerriß die zarten Fäden des Altweibersommers, die sich wie winzige Perlenketten mit ihren schimmernden Tautropfen von Staude zu Staude zogen, rutschte unter Nebel und Sonne, eingehüllt in den Duft der aufgewühlten Erde und den Geruch des absterbenden Krautes. Waren die vier Körbe voll, griff man zu seiner Trage, trug und schüttete die gelben Knollen auf die Miete.

Ein Mann hatte eine flache, ungefähr ein Meter zwanzig breite Rinne mit einem Spaten tief in die Erde gegraben, etwas Stroh hineingeworfen, das war das Lager für die Kartoffeln, dort wurden sie aufgeschüttet zu hohen Mieten, mit Stroh und Erde bedeckt und, kurz bevor der erste Frost einsetzte, nochmals mit einer Schicht Stroh und Erde gegen das Einfrieren gesichert.

Für je vier Körbe gab es eine Pachime, eine Papiermarke — woher der Ausdruck stammt, weiß ich nicht. Für jede Pachime wurde am Abend Bargeld ausgezahlt, der Preis schwankte zwischen acht bis fünfzehn Groszy, er kann auch noch darunter gelegen haben. Ein Groszy war damals ein halber Pfennig deutschen Geldes. Ich hatte eine winzige Hacke, extra vom Schmied für mich gefertigt, und einen Korb, und wenn ich einen Korb voll ausgehackt hatte und zur Miete schleppte, bekam ich auch eine Pachime, verdiente also das Vierfache, aber damals war ich noch sehr klein, vielleicht fünf oder sechs Jahre alt, und die Leute freuten sich und hatten ihren Spaß daran, wenn auch ich, mit einem langen Sack vorgehängt, den Acker langrutschte und schließlich einen Złoty verdient hatte. Mit den Händen in der Erde herumkrabbeln, sie fühlen, sie riechen, jede Staude war anders, die eine trug viel, die andere wenig; dazwischen hausten Feldmäuse, deren Nester man manchmal aufstöberte, Regenwürmer, Spinnen und Marienkäfer — das war Ernte. Es war aber auch Akkordarbeit, und schnelle Arbeiter waren der breiten Reihe der anderen oft weit voraus. So wurde Staude für Staude der Erde entrissen, genauso wie im Frühjahr jede Kartoffel einzeln gesetzt wurde. Es gab nur eine Maschine, die über das gepflügte Feld fuhr und in gleichmäßigen Abständen kleine Löcher in den Boden schaufelte, wohinein die Mädchen dann die einzelnen Kartoffeln warfen. Alles andere aber war Handarbeit.

Bei der Roggen- und Weizenernte, beim Einbringen von Hafer und Gerste war es genauso, und man braucht sich nur vor ein Bild von Breughel zu stellen: nicht anders war es bei uns. Das Mähen und Binden des Getreides, das Aufstellen in Hokken, das Aufstaken auf die Wagen und das Heimfahren in die Scheunen, wenn's Korn hart und trocken war und über dem Nagel zerbrach und das Stroh nicht mehr voller Saft war. Mein Vater erzählte, daß im Jahre 1900 noch mit dem Flegel gedroschen wurde.

Das kam mir wie aus einem Märchen vor, denn das Dreschen wurde in den zwanziger Jahren rein maschinell betrieben, auch bei uns in der Kaschubei, dem Land, in dem Torf und Holz und gelegentlich Wasser die einzigen technisch verwertbaren Naturkräfte waren. Meistens war die Getreideernte so groß, daß nicht alles Korn in die Scheunen gefahren werden konnte. Dann baute man auf dem Schlag, der abgeerntet wurde, zwei Staken nebeneinander, so daß der Dreschkasten genau dazwischen paßte und man in einem Arbeitsgang beide Staken leerdreschen konnte. Ungefähr in einem Durchmesser von zwölf Metern wurden die Garben auf eine Unterlage von Stroh so im Kreis gelegt, daß die Ähren halb aufwärtszeigend nach innen gerichtet waren, die Mitte des Stakens war immer etwas höher als die Außenseiten, so daß das Getreide sicher und trocken unter seinem eigenen Strohdach lag. Wenn der Staken hoch genug war und in einem spitzen Strohgarbendach seine Krönung fand, wurde noch ausgedroschenes Stroh oder, wenn man sie hatte — aber man hatte sie meistens nicht —, eine schwere Plane darüber gebreitet. Das Zeitalter des Plastiks hatte in meiner Jugend noch nicht begonnen.

Mein Erntefest! Die Musik zieht die Lindenallee entlang vors Haus, singende Mädchen, der Hofmeister, die Knechte. Und vorneweg die Kinder unter Gejauchze und Gequietsche! Wenn sie sich im Halbkreis geordnet hatten, trat der Hofmeister vor, der alte Pallasz, und hielt eine Rede. Mein Vater erwiderte die Ansprache, und die Musik blies einen Tusch. Dann trat das Vormädchen auf die Veranda und hielt die Erntekrone in der Hand, gewunden aus allerlei Ähren, umwickelt mit bunten Bändern, behängt mit bunten Glaskugeln. Diese Krone überreichte sie meiner Mutter mit einem langen Spruch, den ich ergriffen anhörte, wobei ich jedes der Bilder sofort für mich in die Wirklichkeit übersetzte.

> Wir wünschen dem Herrn einen goldenen Tisch,
> und in der Mitt' einen gebratenen Fisch,
> und in der Mitt' ein Glas mit Wein,
> damit der Herr kann fröhlich sein!

Wir wünschen der Frau eine goldene
Kron',
zum künftigen Jahr einen jungen Sohn!
Wir wünschen den Fräulein drei Bogen
Papier,
aufs neue Jahr einen jungen Offizier.
Wir wünschen dem Sohn ein schwarz-
braunes Pferd,
auf allen Seiten Pistolen und Schwert!
Wir wünschen dem Kutscher eine lange
Peitsch',
damit er kann knallen weit und breit.
Wir wünschen dem Mädchen einen Besen
in die Hand,
damit sie kann fegen die Stuben blank.
Wir wünschen der Köchin eine hölzerne
Kann'
aufs künftige Jahr einen buckligen
Mann!
Und wenn sie uns was geben, so geben sie
bald:
die Hände und Füße werden uns kalt.
Wir stehen auf einem Lindenblatt —
ade, ade, nun gute Nacht.

Dann nahm Mutter die neue Krone, und die alte Krone, die mitten in der Diele verstaubt von der Decke herabhing, wurde abgenommen und die neue aufgehängt. Mein Vater bedankte sich bei seinen Leuten, und fort ging der Zug, entweder zum Beamtenhaus oder zum Speicher, wo ein großer Raum blankgefegt war, die Musik spielte, meine Mutter tanzte den ersten Tanz mit Pallasz und mein Vater mit dem Vormädchen. Bei Gebäck und Schnaps, Bier und Obst in jeder Menge dehnte sich das Fest in die Nacht, in den Morgen hinein, bis die meisten, voll des süßen Alkohols, unter Büschen und am Grabenrand ihren Rausch ausschliefen.

Waren alle Feldarbeiten beendet, auch die Wruken geerntet und die Zuckerrüben zur Station gefahren und dort zur Zuckerfabrik verladen, und härtete der erste Frost den Erdboden, dann begann man die Staken zu dreschen. Lokomobile und Dreschkasten wurden aufs Feld gefahren und aufgebaut. Vor dem Dreschkasten stand Pallasz mit der Dezimalwaage, daneben ein Mann mit einem kleinen Kastenwagen, der die Zentnersäcke auf den Hof zum Speicher fuhr, wo das Korn in breiten, flachen Haufen ausgeschüttet wurde. Mehrere Tage wurde draußen gedroschen. Inzwischen hatten sich aber auf der Suche nach einem warmen Winterquartier mit gefüllter Speisekammer unzählige Mäuse unter den Staken ihre Gänge und Nester und Vorratskammern gebaut, und wenn die letzten Garben, mit den langen

Stakforken hochgeworfen, oben im Dreschkasten verschwanden und der Erdboden vorguckte, dann begann die Mäusejagd, und wir gingen mit all unseren Jagdhunden hinaus. Sie tobten und fraßen so viele Mäuse, daß ich zum Schluß das Gefühl hatte, sie ekelten sich vor sich selbst und vor der Unmenge der verzehrten Tiere, denn sie wandten sich plötzlich ab und waren nicht mehr zu bewegen, im Stroh herumzuspringen.

Wenn in Bendomin der Roggen gedroschen, die Pfützen und Jauchegruben auf dem Hof bis zum Grunde zugefroren waren, aus den Dunghaufen vor den Ställen über Mittag nur ein dünnes Dampfwölkchen in den Winterhimmel stieg und die Männer mit klammen Händen den größten Teil des Strauchberges hinten auf dem Hof zu Kleinholz zerhackt hatten, wenn der Schnee vom Ostwind am Tor vorn zu hohen Schanzen zusammengeweht war, dann kam der Tag, an dem alle Gespanne zum Eisfahren an den See abkommandiert wurden.
Vorher wurde die Eismiete geräumt, die an der alten Feldsteinmauer neben der Schmiede lag, noch im Schatten der alten, hohlen Eiche, an deren einem Ast meine Schaukel angebracht war. Das faulige Stroh des vergangenen Jahres und der zertretene Torfmull wurden auf den Mist gefahren,

und neues Stroh wurde als Unterlage hineingepackt.
Der See lag an der Nordostgrenze des Gutes, auf halbem Weg nach Lubahn, eingebettet zwischen schmale, bewaldete Hänge. Mit Äxten und Sägen brach man die Eisdecke auf, und die kristallenen Würfel wurden auf die Wagen geworfen und zur Eismiete gefahren. Viele Tage karrten die Wagen hin und her, die Pferde zottelig bereift an Nüstern und Mähnen vom eigenen Atem. Wenn die Scharwerksmädchen, die beim Abladen halfen, hoch über der alten Steinmauer auf den gläsernen Würfeln standen, dann reichte der Vorrat für unseren Eisschrank im Sommer. Das glitzernde schwarze Loch im See überzog sich erneut mit einer blinden Haut, und nur vier Stecken, eingefroren, zeigten an, daß hier das Eis dünner sein könne als sonst auf dem See. Die Eiswürfel an der Steinmauer wurden mit frischem Stroh dick zugedeckt, darüber wurde ein halber Meter Torfmull aufgehäuft, und keine Sonne konnte unter dieser Verpackung das Eis im Sommer schmelzen. Jeden Morgen mußte der Fohlenjunge zwei Eimer frischen Eises ins Haus tragen, um Butter und Milch, Braten und Wurst kühl zu halten.
Aufregender war es bei der Eisfischerei. Das Zugnetz mit seinen beiden Seitenflügeln, die mit Leinen an lange Stangen gebunden waren, wurde in

ein Eisloch versenkt — in zwei Halbkreisen waren kleine Löcher in die Eisdecke gehackt. Mit Astgabeln steuerten die Männer die Stangen des Netzes unter der Eisdecke von Loch zu Loch, bis der Kreis sich schloß und beide Stangen sich in einem größeren Loch trafen und mit ihren Leinen herausgezogen wurden. Inzwischen hatte das Netz mit seinen breiten Flügeln eine Bucht des Sees umschlossen, hatte ganz sachte die Fische in seinem Schleppsack zusammengedrängt, und die hüpfende und springende Beute wurde von den Männern auf die Eisdecke gezogen: Plötze, Barsche, Bressen, Hechte, manchmal dicke Karpfen, vereinzelte Krebse. Der Kutscher Josef, der meine Mutter und mich zum Hauptfischzug an den See gebracht hatte, war so eifrig, daß er einmal einem Hecht, der über die Eisdecke zurück ins Loch rutschte, mit allen seinen Kleidern nachsprang. Er fuhr ungern nach Hause, um sich umzuziehen. Das unfreiwillige Bad schien ihm wenig anzuhaben.

Als zusätzlichen Lohn für einen Tag Arbeit in Nässe und Kälte bekam jeder Mann, der mithalf, eine Mütze voll kleiner Fische. Einen Teil der großen Fische kauften die Nachbarn, mit denen man sich immer schon einige Tage vorher telefonisch verständigte, wann auf den einzelnen Gütern die Eisfischerei stattfand. Bei einem dieser

Fischzüge war auch unser Einbaum ans Tageslicht gekommen. Es hatte stundenlang gedauert, bis das festgehakte Netz samt Inhalt herausgezogen werden konnte.

Viele Wochen vor Weihnachten zogen ärmliche Kinder, verfroren und blaß, mit einem kleinen Krippchen aus gepreßten Pappfiguren durch die Abende. Umständlich zündeten sie davor ein Kerzenstummelchen mit klammen Fingern an, sangen an der Küchentür Lieder, deutsche und polnische, und harrten bescheiden im Eckchen, warteten auf Pfefferkuchen, Äpfel oder etwas Geld, und ihre Augen glänzten im Schimmer des Kerzchens, der Petroleumlampe und des Herdfeuers. Bei ihrem Anblick dachte ich immer an Andersens Märchen von dem kleinen Mädchen mit den Schwefelhölzchen, und ich hatte Angst, daß sich die Kinder auf ihrem Weg von Dorf zu Dorf aus Versehen in ihrer Müdigkeit unter einen Busch setzen und im Schnee erfrieren könnten. Ihre Wämser waren so dünn, ihre Nasen so rot gefroren. Diese Kinder waren die ersten Boten des Festes, und bald danach begann das große Backen. Pfefferkuchen, dicke und mit Mandeln gefüllte, Katharinchen, Herzen und Sterne. Waschkörbe voll wurden ausgestochen, im Ofen gebacken und zum Teil mit farbigem Zuckerguß bepinselt.

Der große Trog, in dem sonst nur der Brotteig angesetzt wurde, stand nun die Nacht über neben dem Herd, gefüllt mit Stollenteig. Dieser wurde am nächsten Morgen in die Brotbleche gefüllt und im Backofen des Beamtenhauses gebacken. Jede Familie des Dorfes lieferte vor dem Fest eine große Blechschüssel ab, die jetzt gefüllt wurde mit Hefestollen und Pfefferkuchen. Jedes Dorfkind erhielt einen Teller mit Kuchen und Bonbons extra. Für jeden Knecht wurden ein paar warme Unterhosen gekauft, für jedes Scharwerksmädchen eine neue Schürze. Alles wurde aufgebaut auf dem langausgezogenen weißgedeckten Eßtisch im Speisezimmer, in dessen Ecke vor dem hohen goldenen Spiegel der Baum stand, und der mußte so voll und dicht sein, daß man sich hinter seinen Zweigen verstecken konnte.
Wenn der Schnee Wege und Felder eingeebnet hatte, wurde das Oberteil eines Kastenwagens auf Schlittenkufen umgesetzt, und es ging zum See hinunter, dessen Eis unter den Pferdehufen und der Last dröhnte, aber niemand von den Männern hatte Angst einzubrechen.
Am Seeufer wuchsen die dichtesten Tannen. Die am schönsten gewachsene wurde ausgesucht und dann zu Hause mit Lametta und Kerzen, Schokoladenkringeln und Äpfeln geschmückt. Darunter stand das strohgedeckte Kripplein, mit Moos

überwachsen, der Stall mit Maria und Josef, dem Jesuskind und den Heiligen Drei Königen, Ochse, Schaf und Esel. Stundenlang konnte ich davorsitzen und die Figuren andächtig hin und her schieben, mich an den wechselnden Schatten der Kerzen erfreuen, zwischen grünen, duftenden Zweigen und dem schwingenden Lametta, und am Hexenhaus von Hänsel und Gretel knabbern, das auf einem Tablett im Hintergrund verborgen stand.

So gegen halb fünf Uhr, wenn es dunkelte, begann das Scharren und Trappeln auf der Holzveranda, und die ersten zögernden Schritte knarrten auf der Diele. Die Männer schüttelten sich die letzten Flocken aus den Mützen und Schultern. Im Eßzimmer war der Baum angezündet worden, meine Mutter hatte sich ans Klavier gesetzt. Wenn alle Leute, voran sämtliche Kinder des Dorfes, alle Mägde, alle Knechte und von jeder Familie ein Mitglied — unsere drei Hausmädchen und Karlchen, den Schweinemajor nicht zu vergessen —, wenn sie alle dichtgedrängt den Raum füllten, wenn der warme Duft der Tanne und des Gebäcks gegen den feuchten Dunst der Kleider anströmte und wir Kinder, Sabine, Irene, Joachim und ich, jeder mit dem Rücken zu seinem Gabentisch stehend, die Leute ansahen, ohne nach hinten luchsen zu dürfen, dann spielte meine Mutter

›Stille Nacht, heilige Nacht‹, und alle stimmten in das Lied mit ein. Danach mußte ich mit einem Knickschen einen Bogen Papier, mit einem Weihnachtsgedicht schön beschrieben, den Eltern, die sich in Positur gesetzt hatten, überreichen und dieses Gedicht möglichst fehlerfrei aufsagen. Dann ging Mutter wieder zum Klavier und spielte ›O du fröhliche, o du selige, gnadenbringende Weihnachtszeit‹, und wieder stimmten alle mit ein, diesmal aus voller Kehle, frei und fröhlich.
Nun ging's an die Bescherung, und erst wenn der letzte unserer Arbeiter seine Gabe erhalten hatte — jeder seinen Teller, die Hausmädchen dazu Stoff für ein oder zwei neue Kleider, duftende Seife oder Strümpfe und Wäsche dazu —, durften wir uns endlich umdrehen, einen Blick auf unsere Tische werfen und uns über Kinderski, Schals, Schlittschuhe und dergleichen und den ›bunten Teller‹ freuen. Und wie wir uns freuten: Es machte nichts aus, daß wir das Marzipan und die Makronen mitgebacken und mit einer im Herd glühend gemachten Pflugschar selbst gebräunt hatten. Es war im Schein des Weihnachtsbaumes alles wieder neu und anders und überraschend. Die Diele war geheizt, dort brannte die Wandlampe bis zum Schlafengehen, und man brauchte nicht im Dunkeln nach seinem Leuchter zu tasten, den das Stubenmädchen abends auf die

große Truhe gestellt hatte. Nimrod, der große Jagdhund, streckte seine langen Beine gegen den glühenden Ofen und fror nicht mehr auf den kalten Fliesen.

Auf jedem Gabentisch lagen Bücher: ›Und ewig singen die Wälder‹ von Gulbranssen, ›Das Wunschkind‹ und ›Lennacker‹ von Ina Seidel; an Wiechert, auch an Galsworthy erinnere ich mich und an Hans Grimms ›Volk ohne Raum‹. Zu Anfang gab's natürlich immerzu nur Karl May für mich, aber bald war ich dem entwachsen, und ›Faust, Erster Teil‹ hatte ich Abende lang immer wieder gelesen und auswendig gelernt bei flakkernder Kerze, den warmen Kachelofen dicht neben dem Bett in Großmutters alter Stube.

Einmal bekamen wir einen großen Rodelschlitten, unser Stellmacher hatte ihn gebaut; er war lang und hatte starke Kufen, man konnte ein Pferd einspannen und damit über die Felder jagen. Dann lud man in den nächsten Tagen die Nachbarn ein oder wurde eingeladen, doch meist fand ich, daß der Bendominer Baum der schönste war, während mir bei den Geschenken, die die anderen bekommen hatten, doch leichte Zweifel ins Herz schlichen, ob sie's nicht besser getroffen hatten.

Wir schenkten uns Handarbeiten; was gekauft war, galt nicht als Geschenk für die Eltern, nur

beim Vater durfte man eine Ausnahme machen. Er bekam jedes Jahr von mir eine oder zwei Büchsen Ölsardinen; das war damals etwas ganz Besonderes, sie wurden mit Spannung aufgemacht am Heiligabend, wo wir kalt aßen, und kosteten so viel wie mein wöchentliches Taschengeld. Geräucherte Gänsespickbrust, die heute eine unerhörte Delikatesse ist, oder Gänseleberpastete gab's sowieso, die wurden im Haus hergestellt, das rechnete man nicht; gerechnet und aufgerechnet wurde nur das, was gekauft werden mußte. Eigentlich war man ja in allem Selbstversorger.
In den Tagen zwischen Weihnachten und Neujahr, in den ›wilden Nächten‹, kamen dann auch die ›Weihnachtsmänner‹, Teufel und Ziegenbock, Storch, Schimmel und Bär und Nikolaus und andere Geister mit Brummtopf und Ketten, die schrecklich klirrten. Von ihnen kaufte man sich für ein paar Złoty frei, und der Spuk verschwand von Diele und Veranda, nachdem wir alle gehörig gezittert hatten, und lärmte die Dorfstraße hinunter davon.

So verging Weihnachten, es kam Neujahr; dazwischen lagen manchmal Treibjagden, und dann mußte mein Vater schon früh um sechs Uhr aus dem Bett und rasierte sich im Schein der beiden Silberleuchter vor dem dreiteiligen Spiegel, nachdem er sich vorher tüchtig eingeseift hatte. Das gebrochene Licht gab die herrlichsten Schattenspiele an der Zimmerdecke. Dann hörte man schon das Schellenklingen der Schlittenpferde; Josef war vorgefahren, saß auf dem altrussischen Schlitten hinten auf dem Bock, lenkte zwischen den Köpfen der Reisenden hindurch seine Pferde. Die lange Bogenpeitsche, die er schwang, hatte nur er; und ein Kitzeln damit auf dem Rücken der ostpreußischen Stuten ließ diese in schnellere Gangart verfallen. Vaters Ledertasche mit Cut oder Frack und dem steifen Hemd und Kragen lag vorne auf der Pelzdecke.

Oft dauerten die Fahrten bis zu den Nachbarn zwei Stunden, aber im dicken Fuchspelz konnte man es aushalten. Den Drilling und die Patronentasche hatte Vater neben sich, manchmal auch den Jagdstuhl, wenn in waldreicher Gegend viele Standtreiben zu erwarten waren.

Je älter ich wurde, um so legerer wurde der Abendanzug nach den Jagden, kein steifer Kragen mehr, kein Frack, höchstens ein dunkler Anzug. Der Jagdherr hielt beim Abendessen die Rede auf den Jagdkönig — das war der, der das meiste Wild erlegt hatte —, und der Jagdkönig sprach dem Jagdherrn sein Lob aus für die vortreffliche Organisation.

Der ›Kronprinz‹ — der, der die zweitgrößte

Beute hatte — sprach auf die Dame des Hauses und lobte Suppe, Fisch, Braten, Käse und Nachtisch. Mit brennenden Gesichtern, vom scharfen Wind den Tag über und vom guten Essen am Abend, stand man auf, griff zur Zigarre, zu Kognak oder Wein, verteilte sich an Spieltischen zu Skat oder Bridge, und nur ein kleiner Teil der Herren unterhielt sich mit den Damen. Oft erst nachts um drei Uhr brachen die eifrigsten Spieler auf. Manchmal hatten sie am kommenden Tag schon die nächste Treibjagd vor sich.

Die Jagden waren der ›Wintersport‹ in Westpreußen. Mein Vater war auf seiner Treibjagd in Bendomin vom vielen lautstarken Organisieren der Treiber- und Schützenwagen und wegen der gleichzeitigen Auslaufzeiten von Treibern und Jägern an den entgegengesetzten beiden Seiten der Kessel am Abend so heiser, daß er zum Gelächter aller kaum seine Rede auf den Jagdkönig halten konnte, es war dann mehr ein Flüstern . . .

Als Kind war es mir genauso wie Onkel Walther Nehring in Bendomin ergangen: Ich trabte brav hinter meinem Vater durch die Kartoffelfelder, die Jagdtasche umgehängt, die erlegten Rebhühner hingen in den Lederschlingen daran und schlugen gegen meine Waden; manchmal waren es auch Wildenten, die reichten bis an die Knöchel. Und die Mücken, angezogen von dem frischen Blut, zerstachen mir die nackten Beine. Fürs Tragen bekam ich nichts — im Unterschied zu Onkel Walther: Der erhielt je Rebhuhn 5 Pfennig, je Bekassine 2½ Pfennig, je Hase 20 Pfennig, je Wildente 10 Pfennig. Das war damals um die Jahrhundertwende viel Geld gewesen, und an guten Tagen, wenn sie die vielen Pachtjagden sich vornahmen, gab's eine Menge zu schleppen. Der Hund, der bekam auch was, aber wenn er nicht gehorchte, also seiner Pflicht als Vorstehhund nicht genügte, wenn das Jagdfieber mit ihm durchging und er in das Hühnervolk hineinpreschte und es weiterverfolgte, so daß die Jagd aussichtslos wurde, da erhielt der arme Treff oder Nimrod, wie er gerade hieß, eine Ladung Schrot so knapp am Fell vorbeigeschossen, daß einige Körner ihn trafen und er aufjaulend zurücklief und winselnd bei Fuß hinter uns herkroch. Ja, die Jagd war kein Zuckerlecken, und eigentlich habe ich später meinen Jagdschein nur gemacht, um mich selbst zu etwas mehr Härte zu erziehen.

Jedes Jahr, einige Wochen vor Ostern, fuhren Süßerchen und ich regelmäßig nach Danzig, blieben bei Großvater und Tante Toni über Nacht und marschierten am nächsten Morgen gemeinsam zur Viktoriaschule. Die Viktoriaschule war das einzige Mädchengymnasium in Danzig; meine Mutter war dort schon zur Schule gegangen. Tatsächlich gab es noch Lehrerinnen, die sie unterrichtet hatten, zum Beispiel Fräulein Buslav. Wir meldeten uns im Direktorat, wurden in eine leere Klasse verwiesen, und nach einiger Zeit erschienen nacheinander Lehrerinnen und Lehrer, um das Kind vom Lande auszufragen nach Gleichungen mit X und ohne X, nach Grammatik und Geschichte, und es in englischem Diktat und deutschem Aufsatz zu prüfen. Alles wurde genau begutachtet, so, als ginge ich dort zur Schule, und am Schluß hieß es immer: Aufnahmeprüfung in die nächsthöhere Klasse bestanden.
Nach der Prüfung trat Fräulein Buslav auf Süßer-

chen zu und fragte sie: »Und für welche Klasse sollst du geprüft werden, Kleine?« Großes Gelächter bei uns beiden: Süßerchen, obgleich zehn Jahre älter als ich, war noch nie für meine Lehrerin gehalten worden.

Süßerchen und ich hatten das verlangte Pensum erfüllt, und wir fuhren zurück.

Schließlich war ich zwölf geworden und hatte die Prüfung für Untertertia bestanden, und da in dieser Klasse Latein anfing, sollte ich nicht mehr zu Hause allein unterrichtet werden, sondern nach Danzig in Pension kommen und dort täglich zur Schule gehen.

So kam ich im Jahre 1931 nach Ostern — die Versetzungen waren damals im Frühjahr — zur Familie Lehmann nach Danzig in die Milchkannengasse fünfundzwanzig in Pension. Herr Lehmann war getaufter Jude und stammte aus einer alten Kaufmannsfamilie, seine Frau war die Tochter eines evangelischen Pfarrers. Die älteste Tochter von Lehmanns, Ruth, war Klassenkameradin von meiner ältesten Schwester Sabine gewesen und deren beste Freundin, und da Herr Lehmann sehr krank war und die Lehmanns ein wenig Geld dazuverdienen mußten, nahmen sie Pensionäre, Kinder von den umliegenden Gütern, die sonst keine Gelegenheit gehabt hätten, eine höhere Schule zu besuchen. Lehmanns wurden meine zweiten Eltern. Merkwürdigerweise fiel mir der Abschied von zu Hause gar nicht schwer. Lag es daran, daß ich ein neues Zuhause fand? Wahrscheinlich.

Tagsüber war ich in Danzig, Nacht für Nacht träumte ich von Bendomin. Zwei Schlagbäume sperrten die Straße nach Danzig, der eine, rotweiß gestrichen, kam bald hinter Neukrug (Nowy Karczma), daneben stand ein Holzbüdchen. Die Grenzer traten heraus und sagten: »Paszporty, prosze!« Damit war's erledigt. Nach hundert Metern dann der Danziger Schlagbaum — »Ihre Pässe, bitte!« —, und weiter ging's über Mariensee, Praust, Ohra, Petershagen nach Danzig.

Bendomin und Danzig waren nur fünfundvierzig Kilometer voneinander entfernt, aber die Fahrt kam mir wie ewig vor. Immer wieder wurde in den Dörfern ein Huhn überfahren und in der Nacht auf dem Rückweg im Scheinwerferlicht ein Hase; dabei fuhren mein Vater oder Josef nie schneller als fünfzig Stundenkilometer. Aber Hühnern und Hasen war das Auto fremd, sie waren noch nicht trainiert, dieser Gefahr zu begegnen. Die überfahrenen Hasen nahmen wir natürlich mit.

Als am 1. September 1939 der Krieg begann, hatten meine Eltern mich vorsorglich zu einer Freundin, deren Gut Straschin hieß und im Freistaat lag, aus dem ›Korridor‹ entfernt. Als ich dann in den ersten Septembertagen 1939 klopfenden Herzens heimfuhr, waren beide Grenzerbuden abgebrannt und die Schlagbäume verschwunden. Der Weg war frei — wofür?

Mein Schlafzimmer in der Milchkannengasse lag neben dem Schlafzimmer der beiden Lehmann-Eltern, und manchmal wachte ich nachts auf von einem leisen klagenden Wimmern; dann waren die Schmerzen, unter denen Herr Lehmann litt, so stark, daß kein Mittel half und er es einfach nicht mehr aushielt.

Herr Lehmann hatte schon in jungen Jahren Gicht und Arthritis bekommen, seine Knie und zum Teil auch die Hüftgelenke waren steif, die Arme krumm, die Hände von Gichtknoten verkrüppelt, kein Finger war mehr gerade. Jeden Morgen brachte ihn seine Frau in sein dreihundert Meter entferntes Kontor, wo er irgendeinen Handel mit Süßigkeiten und Schokolade betrieb, ob als Selbständiger oder Angestellter, weiß ich nicht. Jedenfalls mußte er täglich wieder abgeholt werden, und dann lag sein zarter Arm wie eine Feder auf dem meinen, wenn ich ihn begleiten durfte. Die Treppen turnte er mit vorsichtigen Wendungen, sich am Geländer haltend, von Stufe zu Stufe hinab. Nie warf, wenn mein ›Vizevater‹

eine besonders schlechte Nacht gehabt hatte, dies einen Schatten auf den nächsten Tag. Seine Freundlichkeit, seine Güte und die Freundlichkeit und Güte seiner Frau blieben immer gleich, und wenn ich das Glück hatte, ihn aus seinem Kontor abholen zu dürfen, gab's immer eine Tafel Schokolade oder einen Riegel Marzipan.

Und nie habe ich in all den Jahren, die ich bei Lehmanns wohnte, ein Wort der Klage gehört, weder von ihm noch von seiner Frau. Er war es, der mittags die Unterhaltung bestritt, mit Witzchen uns Kinder aufmunterte, nach Freunden fragte, nach der Schule, wie's in Heubude beim Baden war oder beim Schlittschuhlaufen auf der Mottlau, wie es mit dem ›Poussieren‹ sei — so nannte man damals ›schöne Augen machen‹. Er erzählte gerne lustige Geschichten, und wenn ich dann vor Lachen platzen wollte, es aber meiner trefflichen Erziehung wegen halb verschluckte, sagte er: »Modeste lacht schon wieder mit ihrem Bruder Innerlich!« Abends spielte er gerne Schach und ließ mich manchmal gewinnen — ich spielte damals etwas besser als heute, aber dies sei nur euch, meinen Söhnen, gesagt —, und wenn wir nicht Schach spielten, dann wurde der Eßtisch ausgezogen, und die ganze Korona spielte Tischtennis, wobei die Jünglinge, die auf dem norwegischen Konsulat in Danzig arbeiteten, um Deutsch zu lernen, zu meinem Ärger eigentlich immer siegten.

Das rote Backsteinhaus, die dunklen, langen Flure, endlich das ›U III‹ über der Tür, Kinder davor, die sich alle kannten, die sich dann im Klassenzimmer paarweise auf die Bänke setzten, drauflosschwatzten, was alles in den Ferien passiert war, ein Gequirle von zwanzig, fünfundzwanzig Mädchen, von denen einige schon wie junge Damen aussahen und ihre Dauerwellenköpfe fleißig hin und her drehten. Es klingelte, der Lehrer kam herein, alle standen auf von ihren Bänken, nur zwei hilflose Schäfchen verharrten auf dem Gang dazwischen.
»Wie heißt du?«
»Modeste Weidendahl.«
Schallendes Gelächter: Wie heißt sie? Mode? Admoste? Modistin?
»Und wie heißt du?«
»Steffi Sonnemann.«
Vorne am Fenster war noch eine Bank frei, dorthin wurden wir verwiesen, und wir waren glücklich, endlich unsere Taschen aus der Hand legen und uns setzen zu können und zu wissen, wohin wir gehörten. Steffi hatte blauschwarzes Haar, wie Winnetou, und eine elfenbeinfarbene Haut, sanfte, dunkelbraune, ängstlich guckende Augen

und eine stark gebogene Nase. Steffi und ich also, wir waren die beiden, mit denen die anderen nicht zusammensitzen wollten: die Landpomeranze, der man es sicher bei jeder Bewegung ansah, daß sie bisher nur zwischen Kühen und Schweinen aufgewachsen war, und die kleine Jüdin.

Da ich bisher nur Einzelunterricht gewohnt war, konnte ich kaum folgen. Wurde ich aufgerufen, blieb ich natürlich sitzen; wieder Gelächter der andern, bis ich endlich begriff, daß man aufzustehen hatte, wenn man antworten sollte. Aber dann vergaß ich, mich wieder hinzusetzen, und schwatzte immer noch drauflos, wenn schon längst eine andere an der Reihe war. Und die arme Steffi, der es ähnlich erging, wurde so verwirrt, daß sie vor lauter Angst auch noch zu stottern begann.

In der Pause war es nicht viel besser. »Wie heißt du? Admoste?« Das ärgerte mich, hatte ich doch bisher meinen Namen recht hübsch gefunden, und dies ›Admoste‹ erinnerte mich so an ›Bemooste‹, und es paßte mir nicht und ärgerte mich um so mehr, da ich keine Ahnung hatte, wie ich diesen Ärger loswerden oder mich zur Wehr setzen konnte. Ich war eben so konkurrenzlos aufgewachsen, so sehr als Einzelkind, daß ich noch als Erwachsene mächtig darunter litt, nicht streiten zu können.

Es ließ sich dann doch alles besser an und war leichter, als es zu Anfang schien. Alle Mädels, die bei Lehmanns wohnten, gingen in die Viktoriaschule, und so war ich nicht ganz verlassen.
Steffi Sonnemann wohnte nicht weit von der Milchkannengasse. Sie hatte zwei Mütter. Es waren wohl Schwestern, die sehr hübsch und gepflegt waren und unter sich eine Sprache sprachen, die ich nicht verstand — vielleicht war es Französisch, Polnisch war es nicht —, und sie ähnelten sich so sehr, daß ich nie wußte, wer die richtige Mutter von Steffi war. Beide waren immer liebenswürdig und freundlich zu mir, soviel Aufmerksamkeit ist mir nie wieder begegnet.
So saßen Steffi und ich wohl zwei Jahre auf derselben Bank am Fenster, zum Schulhof hinaus, stotterten uns durch Latein und die anderen Fächer, bis Steffi eines Tages nicht mehr zur Schule kam.
Gott gebe, daß sie mit ihren Eltern Danzig, das damals noch Freie Stadt war, auf immer verlassen hat und nicht nach Polen oder in eins der Länder, die Hitler später besetzte, gegangen ist.

Jeden Morgen, wenn ich aus der Milchkannengasse über die Mottlaubrücke ging, einen Blick auf das Krantor warf und den merkwürdig süßlichen Geruch der Speicherinsel, der sich mit dem schweren Dunst von gebranntem und verbranntem Korn mischte, hinter mir gelassen hatte, über den Langen Markt mit seinen breiten Beischlägen, am Artushof und seinem Brunnen vorbei durch die Langgasse marschierte, um an der Hauptpost links abzubiegen in Richtung Viktoriaschule, fand ich die Welt in bester Ordnung. Zweihundert Meter weiter begegneten mir die Schüler von St. Johann mit ihren grünen Mützen und dem Johanniterkreuz vorn über dem Schild — mein Bruder Joachim und Onkel Walther Nehring waren übrigens auch in St. Johann zur Schule gegangen —, oder es begegneten mir die Schüler vom Städtischen Gymnasium mit ihren roten Mützen. Ja, die Welt war in Ordnung.

Daß die Straßen, durch die ich gewandert war, schön waren, kam mir nicht zum Bewußtsein; daß Kunst und Geschichte hier eine einmalige Verbindung eingegangen waren, sah ich nicht, aber ich trank es in mich, wie man Muttermilch einsaugt.

Wenn ich auf dem Heimweg zur Abwechslung nicht die Langgasse, die die Hauptgeschäftsstraße war, entlanggehen wollte, bog ich schon vorher ab in die Hundegasse, die lief parallel zur Langgasse. Dort waren die kleineren Geschäfte und auch eine Menge Kneipen, und da sah ich oft Männer stehen, viele Männer, ihre Anzüge waren ihnen zu groß, hingen so merkwürdig leer um sie herum, sie packten manchmal Stullen aus und gingen in die Kneipen und tranken einen Schnaps, um sich zu wärmen. Sie sprachen kaum miteinander, standen nur da und schauten. Genauso standen und schauten auch die Männer auf der Langen Brücke, an der Milchkannenbrücke, spuckten vom Kai ins Wasser, hatten winters wie sommers die gleiche Kleidung an, und die Hände waren meistens so merkwürdig blau — vom Nichtstun, von der Kälte? Ich sah sie jedenfalls nie mit Handschuhen; gelegentlich diskutierten sie, setzten sich an der Mottlau auf die Mauer oder saßen auf den wenigen Bänken, die auf Langgarten unter den Linden aufgestellt waren. Ich hatte immer das Gefühl, sie froren, auch im Sommer, wenn's warm war. Das waren wohl die Arbeitslosen, und für sie wurden die Notverordnungen gemacht, damit sie wieder tüchtig verdienen und sich sattessen konnten, endlich.

»Brüning wird es schaffen«, sagten 1931 Tante Toni und Großvater.
»Brüning wird es schaffen«, sagten auch die Lehmanns, »seine Notverordnungen werden alles stabilisieren.«
»Seid froh, daß ihr nicht in Deutschland lebt«, sagten dann, 1933, Onkel Max Eder und Onkel Franz Bernoth am Kaffeetisch in Bendomin wäh-

rend der großen Ferien, »denn was da auf euch zukommt, das wünschen wir keinem.« Sie murmelten etwas von Machtübergriffen, von Leuten, die einfach verschwunden waren, nachdem Hitler Reichskanzler und Reichspräsident in einem geworden war, von Gesetzlosigkeit und Willkürherrschaft, und klemmten das Monokel fester ins Auge, schlugen die Beine in den eleganten Hosen mit den scharfen Bügelfalten energisch übereinander, so daß man die hellen Gamaschen sah.
Das verstanden die Bendominer nicht und hielten es für Aufschneiderei. War es denn so falsch, was Hitler wollte: einen freien Zugang nach Ostpreußen, das doch immer noch zu Deutschland gehört hatte? Und wollte er nicht, daß Danzig wieder deutsch würde und keine eigenständige ›Freie Stadt‹ bliebe, bei seinen 96 Prozent deutscher Bürger, Bürger, die für Deutschland gestimmt hatten? Wo lag da das Unrecht?
Wir waren Auslandsdeutsche, wir hatten genug damit zu tun, daß wir die Parzellierung unserer Güter für polnische Ansiedler so lange wie möglich hinausschieben konnten. Mein Vater forstete sogar einige Schläge leichten Bodens neu auf, denn Waldgebiete fielen nicht unter das Parzellierungsgesetz.
Mein Vater erzählte mir später: »Von 1933 an ging es mit der Landwirtschaft in Polen wieder

bergab. Ich habe einmal an Herrn Deckart in Plachty im Frühjahr Futterkartoffeln verkauft für 0,80 Złoty den Zentner, was ein Preis von 0,40 Reichsmark nach deutschem Gelde war. Der Roggen kostete 7,50 Złoty pro Zentner und der Stickstoff 16 Złoty. Maschinen waren auch teuer, da es in Polen noch wenig gab.«

Für uns war Deutschland, von dem wir abgeschnitten waren, ein Traum, ein Idol. Zwar gab es Pässe, die auf der Starostei bewilligt werden mußten, die kosteten aber mehrere hundert Złoty, und das Geld konnten wir schwer aufbringen. Was sich wirklich im Reich abspielte nach 1933, konnten wir schwer beurteilen, und wir hielten die meisten Nachrichten darüber für Greuelmärchen. Auch daß man gegen Polen sei, glaubten wir nicht. Waren wir nicht gute Freunde gewesen mit den Polen, trotz des verlorenen Krieges? Kamen Lenskis nicht jedes Jahr zu uns auf Jagd, und luden sie und die Eltern sich nicht gegenseitig zu Gesellschaften ein? Waren unsere kaschubischen Leute böse auf uns? Es hetzte doch niemand gegen niemanden. Wir sprachen Deutsch, so lange und so laut und so oft wir wollten, und bekamen immer deutsche Antworten, und wenn's wirklich nicht anders ging, wurde ein Dolmetscher geholt. Und doch hatte mein Onkel recht: Ganz allmählich, ganz, ganz langsam änderte sich das, hatte es sich geändert, seit Hitler die Macht ergriffen hatte.

Hast du Modeste, meine Jüngste, jemals schon einem Menschen ein Unrecht zugefügt, ganz bewußt dir gesagt: Ich will jetzt dies und das tun, damit der, den es trifft, darunter leidet? Ich glaube es nicht; wohl glaube ich, daß du selbst schon gelitten hast an diesem und jenem Unrecht, das man dir zufügte, bewußt oder unbewußt.
Ich hatte als Kind wenig dergleichen gespürt, hatte mich in Danzig mit den Klassenkameradinnen inzwischen soweit angefreundet, daß wir ganz genau wußten, wie jeder von uns auf bestimmte Dinge reagierte.
Und dann hatte der BDM (Bund Deutscher Mädchen) mich gefunden und gefragt: Willst du nicht BDM-Führerin werden? Eine Kletterweste hatte ich schon, aber eine schwarze, die gefiel mir mehr als die vorgeschriebene braune und paßte besser zu meinen schwarzen Breecheshosen und den schwarzen Reitstiefeln, die mir der Schuster in Barkoschin für achtzehn Złoty nach Maß angefertigt hatte. In Reitfrack und einer samtenen Reitmütze auf dem Kopf, wie meine Schwestern zu Hause, war ich nie ausgeritten. Und jetzt sollte ich Führerin werden ... Führerin, dachte ich, ist sicher etwas Ähnliches wie Führer.

Noch nie hatte ich im Leben jemanden geführt, war nur immer geführt worden, da ich ja die Jüngste in der Familie war.
Im Milchkannenturm, einem alten Wehrturm an der Mottlau, der die Milchkannengasse nach Langgarten hin begrenzte, waren Heime ausgebaut. Da ging ich nun einmal in der Woche oder alle vierzehn Tage hin und hielt einen Heimabend ab. Etwa zehn bis fünfzehn Kinder versammelten sich um mich, sie waren so alt wie ich oder ein bißchen jünger, starrten mich an, erwartungsvoll und mißtrauisch zugleich, und harrten der Dinge, die nun kommen sollten. Sicher hatten sie schon vorher viele Heimabende erlebt. Ich aber nicht, ich hatte nur mal so reingeschnuppert und gedacht: Das kannst du allemal. Ich klemmte mir also Hitlers ›Mein Kampf‹ unter den Arm und kletterte die Stiegen zum Milchkannenturm hinauf. Als erstes versuchte ich, ein schneidiges Lied anzustimmen: ›Im Frühtau zu Berge wir ziehn, valera ...‹ Da ich aber absolut unmusikalisch war, klappte es mit dem Singen überhaupt nicht, denn einer mußte ja Stimme und Melodie halten und den Text kennen. Dann schlug ich ›Mein Kampf‹ auf und las mit schallender Stimme vom erwachenden Deutschland, daß es nur einen Feind gäbe im Lande, und das wären die Juden, und nur eine Rasse, die überragend genug wäre,

die Welt zu führen und zu beherrschen: die ›arischen Deutschen‹. Ich war begeistert, noch nie in meinem Leben hatte mir eine Gruppe von Menschen so lange zugehört, noch nie hatte ich mich vorher im Leben so darstellen können. Die Kinder, die mir zuhörten, waren wohl meist Arbeiterkinder und kamen aus der Volksschule, sie schauten stumpf und gelangweilt vor sich hin, sicher hatten sie etwas ganz anderes erwartet: Spielen, Basteln, Singen. Daran dachte ich natürlich nicht, ich war so fasziniert von meinem Vortrag und den Weisheiten, die aus ›Mein Kampf‹ auf mich niederrieselten, daß ich das noch viele Nachmittage so trieb, bis das Grüppchen, das ich zu betreuen hatte, immer kleiner wurde. Wurde ich denn selber nicht geschult? Auf Schulungsabenden? Oder nahm ich nicht daran teil, weil ich mich als polnischer Staatsbürger immer einer gewissen Sonderstellung erfreute und sie für mich auch beanspruchte? Nie machte ich eine Wanderfahrt mit, die vom BDM organisiert worden war, und unternahm auch mit meinen Kindern keine Fahrten. Der Raum im Milchkannenturm wurde immer leerer, bis schließlich nur noch drei oder fünf Kinder erschienen.

So schlief denn neben der Schule und dem gewöhnlichen Alltag und seinen Vergnügungen der BDM bei mir total ein, es sei denn, wir wurden aufgerufen, bei einem Besuch von Goebbels oder einer anderen ›Ehrenpersönlichkeit‹ in Danzig auf dem Langen Markt Spalier zu stehen. Aber irgend etwas war durch das viele ›Mein-Kampf‹-Lesen doch in mich eingesickert, und ich hatte das Gefühl, es in eine Tat umsetzen zu müssen.

In meinem Zimmer bei Lehmanns hing eine riesengroße Abbildung von Michelangelos ›Moses‹, ein schöner Druck auf bräunlichem Papier. Wer war Michelangelo? Wer war Moses? Wer Moses war, wußte ich: natürlich ein Jude, und da die Juden an allem schuld waren, was seit vielen Jahren an Elend und Unglück in Deutschland passierte, konnte ich unmöglich dieses Bild an der Wand in meinem Zimmer hängen lassen. Ich nahm es ab und stellte es hinter den Schrank, wo es niemand sah.

Da war der Moses, das jüdisch-ägyptische Königskind, Moses, der es auf sich nahm, das an den Fleischtöpfen Ägyptens verweichlichte Volk der Juden durchs Rote Meer zu führen, zum Berge Sinai, und siebzig Jahre lang durch die Wüste, der Moses, der seinem Volk die Gesetze gab von dem EINEN GOTT, er, der selbst das Gelobte Land nie sah, der es aber wagte, Gott anzurufen, mit ihm zu sprechen.

Und da war der Mann Michelangelo, der es wagte, diesen Mann Moses aus Marmor zu meißeln, Moses, wie er sitzt und schaut, dessen Gedanken Übermenschliches selbst aus dem Stein erstrahlen lassen ...

Dies alles sah ich nicht, wußte ich nicht, niemand hatte es mir erklärt. Was wußte ich von Rom und San Pietro in Vincoli, wo dieser Moses seit fast fünfhundert Jahren in einem Seitenaltar sitzt und sinnt?

Frau Lehmann nahm das Bild und hängte es kurzentschlossen wieder auf, und nach einigen Tagen Nachdenkens nahm ich es wieder ab und versteckte es erneut hinter dem Schrank. Als sie das sah und mich daraufhin ansprach und ich ihr sagte: »Ja, das ist aber doch ein Jude!«, da traten ihr die Tränen in die Augen; sie nahm das Bild fort und hängte es in einem anderen Raum auf. Damals war ich dreizehn Jahre alt.

Einige Jahre später — ich glaube, ich war schon in Prima, als der Nationalsozialismus in Danzig immer weiter um sich griff — bekannten sich viele Landwirte der Kaschubei und der Danziger Niederung offen dazu und hielten Versammlungen ab, eben um sich ›nationalsozialistisch‹ zu bilden, so wie ich es im BDM getan hatte. Auf einer dieser Versammlungen, an der ich zufällig teilnahm, stand plötzlich einer der Landwirte auf und hielt eine flammende Rede gegen die ›Zinsknechtschaft‹ und die ›geistige Vergiftung‹, der wir unter den Juden ausgesetzt seien. Nun kannte ich den Mann gut, er war der Vater einer meiner Mitpensionärinnen bei Lehmanns, und es kam eine solche Wut in mir hoch, daß ich zu meinem Nachbarn, auch einem Großgrundbesitzer, sagte: »Hat er denn ganz den Verstand verloren? Er hat doch selbst ein Kind, seine Tochter, bei einem Juden in Pension.«

Selbst wenn jemand ein Jude war, der als kleines Kind christlich getauft worden war, spielte das unter den Rassengesetzen der Nazis keine Rolle — Jude blieb Jude. Er hatte in Deutschland den gleichen Schicksalsweg zu gehen wie seine Gefährten. Eine halbe Stunde später war mein Protest dem fanatischen Redner zu Ohren gekommen, und nun ging das Elend wirklich los. »Wenn das so ist, kann mein Kind dort nicht bleiben, ich werde dafür sorgen, daß diese Pension aufgelöst wird!«

Nun, der Himmel schickte ihm wohl einen klareren Blick, sein Kind wohnte weiter bei Lehmanns, und es blieb alles beim alten. Danzig war ja immer noch ›Freie Stadt‹, und die ›Rassengesetze‹ hatten dort keine Geltung, sie konnten nicht durchgeführt werden. Erst mit der deutschen Besetzung änderte sich dies.

»Ich heile alle Wunden«

Der Lauf der Jahreszeiten, der Lauf der Sonne, sie waren Gesetze, in deren Rahmen sich das Leben in Bendomin auf dem Hof und in den Familien abgespielt hatte, ganz gleich, ob's der Besitzer war oder der Arbeiter. Reichtümer besaßen beide nicht, wirklich frei aber war der Gutsherr, frei und ungebunden, wie's nur wenigen anderen Berufen zuteil wird. Es war die Freiheit des Tuns oder Nichttuns, die Freiheit eines Oblomow sogar mit eingeschlossen. Und doch war ein unsichtbares Band da zwischen ›Herr‹ und ›Knecht‹. Nie hat mir ein Brot so gut geschmeckt wie das Vesperbrot unserer Leute, wenn sie gerade zu Hause frisch geschlachtet hatten und mir einen tüchtigen Happen, belegt mit noch warmer Wurst, spendierten. Kein Brot hat mir je so gut gemundet wie das blanke runde Kommißbrot der polnischen Soldaten, das sie mir im Manöver schenkten.

Und wie war's in Danzig? Die Gesetze von Sommer und Winter, von kurzen und langen Tagen, von träger Dämmerung, wochenlang — sie waren aufgehoben. Nicht die Natur allein gab die Gesetze, die Technik rückte an deren Stelle. Alles schien möglich, alles leichter, alles erträglicher. Und doch gab's eine Macht, die zugriff, plötzlich, unerwartet. Warum ertrank der Junge in der Mottlauer Badeanstalt, als wir unsere Freischwimmerprüfung machten? Verlassen lag er auf den Planken in der Sonne, alles an ihm war wie noch im Leben, denn sie hatten ihn sehr schnell wieder hochgeholt, und doch umgab ihn ein Kreis, eine Grenze des Schweigens, durch nichts erkennbar, und ich spürte den Tod, dessen Siegel den Raum um das Kind sperrte. Wir gingen erschrocken, verwirrt und jeder für sich allein davon.

Über Sonnabend, Sonntag nach Hause fahren, das gab es während des Schuljahres nicht, von nun an war ich nur noch in den Ferien in Bendomin. Dafür kamen die Eltern einmal in der Woche mit dem Ford — Josef am Steuer — in die Stadt gefahren, mit einem Riesenbeutel voller Äpfel, frischer Wäsche. Sie brachten die Lust zum Kaffeetrinken im Café Blum in der Wollwebergasse mit, die Lust, ins Kino zu gehen, in den Ufa-Palast, ›FP 1 antwortet nicht‹ mit Hans Albers, ›Der Kongreß tanzt‹ mit Lilian Harvey und Willy

Fritsch ... Paula Wessely, Rudolf Forster und Marlene Dietrich waren die Stars, und unentwegt wurden Postkarten im Klassenzimmer ausgetauscht von allen Schauspielern, so wie ihr als Kinder die Posters der Beatles getauscht habt. Aber keiner dieser Filme reichte an ›Das Land des Lächelns‹ mit Richard Tauber heran. Als ich einmal auf Langgarten in unsere ›Flohkiste‹ ging, wo ich jederzeit allein hin durfte, und ihn in der Lehárschen Operette singen hörte: »Von Apfelblüten einen Kranz / leg ich der Lieblichen vors Fenster«, fingen meine Tränen an zu strömen und hörten nicht auf, bis ich das Kino verließ; noch ganz verheult kam ich in der Milchkannengasse bei Lehmanns an.

Im Winter gab's Theater, fast jede Woche einmal: Stehplatz zu einem Gulden! Hinter der letzten Parkettreihe, unterhalb des ersten Ranges, ein schmaler Raum mit einer Brüstung, die mit rotem Samt ausgeschlagen war, darauf konnte man sich stützen, wenn's nicht zu voll war und man in der ersten Reihe stand, um Jutta von Oppenheim als Amalie in den ›Räubern‹ hingerissen anzustarren in ihrer Schönheit wie Milch und Blut und schwarz wie Ebenholz. Ich bewunderte Messemer, der noch mephistophelischer war als Mephisto selbst, mir kam's jedenfalls so vor, und schwärmte für Gustav Nord, der immer Späße machte, bei Shakespeare ebenso wie im ›Weihnachtsmärchen‹. Das ›Weihnachtsmärchen‹ war eine ständige Aufführung in den winterlichen Tagen, am Nachmittag, und als ich noch klein war, waren die Eltern mit mir dorthin gegangen; dann saßen wir natürlich im ersten Rang, und ein langes Brett wurde von der Bühne herübergelegt ins Publikum, und der Nikolaus kam von der Bühne mit einem großen Sack und verteilte Bonbons! Jetzt luden mich Kavaliere aus der Tanzstunde ein oder Freunde von den Kasinobällen, die mußten schon tiefer in die Tasche greifen, denn sie konnten ihrer Dame ja keinen schlechten Sitzplatz zumuten.

Die Schule war kein Problem für mich; war ich in einem Fach zu dumm oder wurde ich es, besorgte man für die Ferien irgendeinen Knaben aus einer höheren Klasse an einem Danziger Gymnasium. Der versuchte dann, gegen frische Landluft und gutes Essen in Bendomin, die Löcher des Wissens zu stopfen, die bei mir eingerissen waren.
Religionsunterricht — wie überstanden wir die Langeweile? »Schlachen Se Jesacha auf!« sagte unser baltischer Lehrer, und Stunde für Stunde nichts wie Jesaja lesen, ohne Erklärung, ohne Diskussion, das kann sich heute niemand vorstellen. Und Jesaja ist lang!

Der Konfirmandenunterricht, war er besser? Unser Pfarrer, der Superintendent, bei dem wir uns in St. Marien wöchentlich in der Sakristei versammelten, war kein schlechter Prediger. Und was taten wir? Wir lernten die Gebote, die Artikel, die Sakramente, die Erklärungen dafür, vorwärts, rückwärts, wie im Schlaf. Verstanden wir sie deshalb? Brach je einmal das Geheimnis eines Dogmas auf, wurde uns je erklärt, was dahinter stünde und aus welchem Geist heraus es so oder so formuliert worden war? Was war ›böse‹, was ›gut‹, was ›Sünde‹? Und ›Gnade‹ — wie konnte man ›Gnade erlangen‹? Das wußte auch der Superintendent nicht. Und das Abendmahl, wochenlang vorher die Angst: Unschuldig mußt du sein und rein, wenn du es nimmst! — Wer sagte: ›Das ist ein Fest mit Gott, zu seinem Gedächtnis, dies ist Freude, nichts als Freude, das Abendmahl am Tisch des Herrn und die Gemeinschaft, die daraus entsteht‹? Niemand sagte es mir so, daß ich es verstehen konnte, und so bin ich aus diesem Unverstand zwanzig Jahre lang nach meiner Einsegnung nicht mehr zum Abendmahl gegangen. Erst Bischof Stählin, Pater Kreuz und Pater Bonifaz gelang es, diesen Bann des Unwissens zu brechen. War ich nun ›eingesegnet‹? Ich bin damals sicher ausgesegnet worden, und als Brücke blieb mir nur mein Einsegnungsspruch über Jahrzehnte hin:

»Halte, was du hast, daß niemand deine Krone nehme.«
Welch ein Umstand um das Fest: das neue Kleid zur Prüfung aus dunkelroter Seide, das weiße lange Kleid zur Einsegnung, wie eine Braut Christi, mit einem Myrtensträußchen an der Brust — aber die unsichtbare Lampe, die man trug, war leer, wie bei den törichten Jungfrauen. Wie wichtig und streng genommen wurde der Aufputz dieser langen Reihe von Kindern, die durch die riesige Säulenhalle von St. Marien auf den geschmückten Altar zuschritt, irgendwo am Rande standen die Eltern und Geschwister und nahmen einen danach wieder in Empfang. Die Angst hatte keine Erlösung gefunden, alle Fragen waren zugeschüttet, ohne daß man es merkte. Man war sozusagen erwachsen. Aber man war doch jung und gesund, was auf einen zukam, bekümmerte einen nicht, man lebte, wie es sich gehörte, ganz in der Gegenwart, und die war schön.

Je älter ich wurde, desto mehr schwanden meine Geschwister aus meinem Gesichtskreis. Als ich klein war und in Bendomin unterrichtet wurde, gingen sie in Danzig zur Schule oder anschließend in eine Lehre. Als ich schließlich in Danzig war, standen sie fast alle schon im Beruf. Sabine hatte Säuglingspflege gelernt, Irene lernte Hühnerzucht, nachdem sie vorher in Scherpingen auf der Maidenschule war, wo sie sich immer viel ärgerte. Und mein Bruder Joachim war, als ich nach Danzig kam, gerade mit seiner Schulzeit in St. Johann fertig und kam auch auf ein Gut in die Lehre.

Das große Treffen waren immer die Sommerferien, wo dann Bernoths mit ihren Kindern erschienen, Tante Käthe, die Krankenschwester, und Ilschen und Traudchen Paetzold, die immer so dünn waren, daß sie eine Tasse mit Sahne trinken mußten, wenn bei uns frisch zentrifugiert wurde. Ich glaube, sie mochten das gar nicht. Seltener erschien Onkel Max, Mutters Bruder, nie Tante Traude, Mutters älteste Schwester. Onkel Walther, der spätere General, und seine Frau Annemarie mieteten sich, als ihre Kinder größer wurden, eine Wohnung in Zoppot und verbrachten dort ihre Ferien. Wir Bendominer besuchten sie oft.

In meinen letzten beiden Schuljahren wohnte ich während des Sommerhalbjahres auch in Zoppot und aalte mich, wenn's irgendwie ging, jeden Nachmittag am Strand, mußte allerdings etwas früher aufstehen, um zwanzig Minuten mit dem Bummelzug über Oliva und Langfuhr nach Danzig zur Schule zu fahren. Dieser Spaziergang zum Bahnhof, vorbei an blühenden Magnolien, Goldregen und Faulbeerbäumen mit ihrem betäubenden Geruch, war eine einzige Wonne. Im Abteil, zweiter Klasse natürlich (damals gab's noch vier Klassen in der Bahn: erste Klasse — rote Polster; zweite Klasse — graue Polster; dritte Klasse — Holzbänke; vierte Klasse — wenig Bänke und viel Platz für Reisende mit Traglasten), wurden auf dem Hinweg eifrig, übereifrig die Hausaufgaben abgeschrieben von denen, die sie gemacht hatten, auf der Rückfahrt wurde nur gelärmt, und die Mitfahrenden wurden verulkt, bis sie das Abteil verließen. Dann gab's ganz rasch das Mittagessen bei Tante Annchen in der durchsonnten Glasveranda; danach wurde ein Buch unter den Arm geklemmt, und, das Badezeug in der Hand, ging's hinunter an den Strand bis zum Abend: schwimmen, lesen, sehr viel lesen, einen Dostojewski nach dem anderen, Muscheln sammeln, Bernstein suchen, aber nie welchen finden.

Mit vierzehn Jahren war ich eingesegnet worden, mit fünfzehn gab's Tanzstunde bei Frau van Buiren. Für den Schülerzirkel fühlte ich mich natürlich als Obersekundanerin viel zu alt. Schüler guckte man nicht mehr an, dazu war man zu erwachsen. Es kamen also nur Studenten in Frage. Diese waren gerade dem Abitur entschlüpft und arbeiteten auf der Technischen Hochschule oder lernten Zeichnen und Malen bei Professor Pfuhle,

aber wer konnte wie er Pferde so in einem Zug mit Kohle auf ein Blatt werfen? Auf der einen Seite des Tanzstundensaales saßen die ›Damen‹, auf der anderen die ›Herren‹. Die Stirnen und die Nasen vor Aufregung mit winzigen Schweißperlen bedeckt, kamen sie herüber, verneigten sich, und man stolperte einzeln und gemeinsam durch den Raum. Wenn zwei Stunden vergangen waren, hatte die Qual ein Ende, und der Kavalier brachte seine Dame bis vor die Haustür — er war für den sicheren Heimweg verantwortlich.
Als die erste Steifheit schwand, bildete sich aus unserer Gruppe ein lustiger Kreis, der viele lange und schöne Feste auf den umliegenden Gütern feierte, in Herrengrebin, in Straschin, in Bendomin.

Jacob. M. Jacobsen aus Fusnavog bei Aalesund, genannt Jacky, gehörte zu den Norwegern, die auch bei Lehmanns in der Milchkannengasse in Pension waren. Jackys Vater war Fischer und Kaufmann zugleich; ihm gehörte die Insel Fusnavog vor der norwegischen Küste, von wo er seinen Sohn aussandte, zuerst nach Danzig, um Deutsch zu lernen, dann nach Paris, um Französisch zu lernen, und dann nach London, um Englisch zu lernen. In den Ferien durfte ich Jacky nach Bendomin einladen, mein Vater spielte abends mit uns Sechsundsechzig, am Tage ritten wir aus, lasen oder inspizierten die Ställe. Jacky war so schön gewachsen, daß der Apoll von Belvedere sich neben ihm verhüllt hätte; alles an ihm war braun, die Augen, die Haare, die Haut, und der ganze Junge so gutmütig wie ein zahmes Bärenkind. Er konnte nicht das Wort ›Fünf‹ aussprechen, aber er ertrug's, daß wir ihn immer auslachten, wenn er ›Funf‹ sagte. Ich war so gern ganz nah bei ihm und war tiefbetrübt, als ich beim Ausreiten feststellen mußte, daß er überhaupt nicht reiten konnte und wir deshalb nie nebeneinander ritten, sondern daß er nur mit Mühe und Not folgen konnte, wie einstmals Sancho Pansa seinem Herrn. Mir wiederum glückte es nicht, meine Nixe in eine so langsame Gangart zu zwingen, daß sie neben dem anderen Pferd Schritt hielt.

Als nach einem halben Jahr Jackys Zeit in Danzig abgelaufen war — vorbei das gemeinsame Badenfahren nach Heubude, das Tischtennis am Abend —, kam nach Wochen aus Paris ein Brief in seiner ordentlichen und gestochenen Handschrift, vielleicht acht oder zehn Sätze lang, aber der letzte dieser Sätze lautete: ›Modeste, ich liebe Dir!‹

Ja, das war ein Glück! Nicht nur ich hatte ihn die ganze Zeit über geliebt, er hatte mich auch geliebt. Was wollte ich noch? Gab's größere Seligkeit unter dem Himmel?

Meine Schulzeit ging ihrem Ende zu, noch vor Ostern wurde Abitur gemacht. Kann man das Abitur heute überhaupt noch vergleichen mit dem Abitur von 1937? Damals war es eine Prüfung, die auf gegenseitigem Vertrauen basierte, und keine geheime Kommandosache; die Schulbehörde vertraute noch den Direktoren und den Lehrern, daß sie die richtigen Themen wählen würden, obwohl wir ja in Danzig ein schon fast nicht mehr Freier Staat waren und Abgesandte der Regierung Stichproben bei den Prüfungen machten. Wenn man jemandem damals erzählt hätte, die Themen und Aufgaben der Prüfungsarbeiten würden erst am Prüfungstag selbst von den Ministerien durchgesagt, so groß sei das Mißtrauen, das Erzieher und Schüler trennt, der hätte nur mit dem Kopf geschüttelt und seine Umwelt für wahnsinnig gehalten. Wir durften bei unseren Abiturarbeiten völlig ungehindert den Klassenraum, in dem wir unsere Arbeiten schrieben, verlassen, niemand hatte eine Uhr in der Hand und stoppte die Zeit und trug in ein Buch ein, wie lange wir, auf deutsch gesagt, aufs Klo gingen. Zwar wurden wir bei Prüfungen auseinandergesetzt, aber jedes Kind hatte dieselben Aufgaben,

die wurden nicht reihenweise verschieden gegeben, so wie es heute schon in der Hauptschule der Fall ist. Das Abitur war eine Reifeprüfung, bei der die Klassengemeinschaft mit ihren Lehrern die beste Leistung erzielen sollte. Es wurden keine Fallen gestellt oder als solche ausgegeben, wie es schon einmal in einem unserer Bundesländer passierte, als man in Mathematik eine, wie sich erwies, nicht lösbare Aufgabe diktierte — was vermutlich ein Versehen war, das man nachträglich kaschierte; so, als solle es eine ganz besondere Intelligenzprüfung des Schülers sein: sofort zu merken, diese Aufgabe sei nicht lösbar.
Es ist meine eigene Generation, die sich dies ausdenkt: Will sie die künftige Welt mit Robotern bevölkern, den Wert des Menschen nur noch nach Punkten bemessen? Wohin wird es führen, wenn wir jedes Vertrauen zerstören?
Unsere Klasse war bis auf fünf Mädchen zusammengeschrumpft, die Parallelklasse ohne Latein besuchten vielleicht noch zwanzig junge Mädchen. Wir alle rannten zu dem Mützenmacher, der nach Maß unsere leuchtendroten Abiturmützen anfertigen sollte. Das Monogramm in zwei großen Buchstaben, goldgestickt auf dem Deckel der Mütze, war natürlich selbstentworfen. Welche ›Elite‹ würde nach bestandener Prüfung durch die Langgasse schlendern und sich bestau-

nen lassen! Sich mit den Eltern treffen, im ›Danziger Lachs‹ oder einem anderen berühmten Speiselokal.
Ausgerechnet ich hatte mir in Deutsch das Aufsatzthema ›Heraklit: Der Krieg ist der Vater aller Dinge!‹ ausgesucht. Ich, die ich nie etwas mit Krieg zu tun haben wollte, die wohl den Krieg, ihrer Erziehung gemäß, als eine geschichtliche Notwendigkeit empfand, selbst aber keinen Finger zu rühren vermochte, wenn es darum ging, sich selbst zu verteidigen. Nun, ich hatte ein Lieblingsgedicht:

War einst ein Riese Goliath
gar ein gefährlich' Mann,
er hatte Tressen auf dem Hut
und einen Klunker dran,
gab jedem einen Rippenstoß!
Und flunkerte und prahlte groß:
Er komme her, der Lumpenhund,
ich box ihn nieder auf den Grund!

Dieses Gedicht und insbesondere die Zeile ›gab jedem einen Rippenstoß‹ gefiel mir so ungemein, daß ich, wiewohl ich mich meinen großen Geschwistern gegenüber als David fühlte, sie wie Goliath anging und puffte und dabei die Zauberformel sprach: »Er komme her, der Lumpenhund,

ich box ihn nieder auf den Grund!« *Einen* Erfolg hatte ich mit diesem Gedicht: Ich wurde nicht mehr Schäfchen genannt, ich hieß von nun an ›Lumpi‹. So hieß ich noch, als ich schon lange von Bendomin fort war und mit Manuel verheiratet.
Hatte der Traum des kleinen David, den Riesen Goliath zu erlegen, mit dieser sonderbaren Themenwahl im Abituraufsatz zu tun? Ich weiß es nicht, ich weiß nur, daß ich heute dieses Thema nicht mehr wählen würde. Mit Bestimmtheit aber kann ich sagen, daß unsere Lehrer in der Viktoriaschule uns nicht extrem nationalistisch oder gar nationalsozialistisch erzogen hatten. Dem Gauleiter Forster war die völlige Gleichschaltung mit dem Reich und seinen Gesetzen, besonders mit dem Arierparagraphen, bisher nicht gelungen. Sein Gegenspieler war der Senatspräsident Greiser. Diesen Posten hatte vorher einmal Sahm innegehabt, der Vater des deutschen Botschafters der Nachkriegszeit in Moskau.
Hitler fühlte sich wohl noch nicht stark genug, die Danziger Frage mit Gewalt zu lösen; zuerst mußte Österreich, dann die Tschechoslowakei daran glauben. Aber das wußte man später erst, als alles vorbei war.
Der BDM spielte bei uns Abiturientinnen überhaupt keine Rolle mehr. Die einzige Institution, der ich treu geblieben war, von Anfang an, war

der VDA, der ›Verein für das Deutschtum im Ausland‹. Durch ihn hatte ich zum erstenmal Deutschland selbst kennengelernt. Meine erste Reise nach Deutschland war mein Einsegnungsgeschenk gewesen: eine Fahrt zum Rhein, zur Mosel, zum Neckar. Unter dem Motto: Deutsch ist die Saar, deutsch immerdar ...

Das deutsche Konsulat in Danzig gab für polnische Staatsbürger deutscher Nationalität in Notfällen Passierscheine aus, die uns berechtigten, entweder mit dem Seedienst Ostpreußen vom Zoppoter Seesteg aus nach Königsberg oder Stettin zu fahren oder in einen Autobus zu steigen, der nach Elbing fuhr, wo man in den Transitzug von Königsberg über Dirschau (Tszew) nach Firchau, Schneidemühl, Berlin stieg. Von Dirschau bis Konitz (Chojnice) — das war die Grenzstation des Korridors — wurde der Zug plombiert; niemand konnte zu- oder aussteigen. Man fuhr sozusagen von Deutschland nach Deutschland, und die polnische Staatsoberhoheit hörte in diesem Zug auf.

Ach, war das schön, wenn hinter Schneidemühl langsam die Odersenke kam und dann hinter Frankfurt bald Berlin — wer weiß heute noch, daß es ein Frankfurt an der Oder gibt? ›Weil Frankfurt so groß ist, da teilt man es ein, in Frankfurt an der Oder und Frankfurt am Main!‹

Und dann saßen wir auf den Hügeln und Hängen der Mosel, hoch über den Weinbergen, zündeten Holzstöße an und sangen in die Nacht hinein, und überall von den andern Bergen antworteten uns Feuer, und Lieder wehten herüber: Sonnenwende.
Das war 1934 gewesen, und der Rhein noch keine gelblich-braune Brühe, die Loreley und der Mäuseturm von Bingen aus Märchen emportauchende Wahrheiten. Und ›Altheidelberg, du feine‹ gab mit seiner Burg, seinem Riesenfaß und den grünenden Wäldern darum der Backfischromantik immer neue Nahrung. Daß Trier eine Römersiedlung war, das allerdings begriff ich trotz Geschichtsunterricht und trotz des Anblicks der Porta Nigra und der Basilika erst Jahrzehnte später, in Rom, wo ich das ›Imperium Romanum‹ in seinem gigantischen Ausmaß erkannte.

Aus Schäfchen, das 1931 nach Danzig verschlagen wurde, mit dem niemand auf derselben Bank sitzen mochte, war plötzlich ohne Anstrengung im Lauf der Jahre die Klassenerste geworden. Die Konkurrenz war allerdings auch sehr gering.
Ein Lebensabschnitt war vorüber, meine Schulzeit, mein Leben in verschiedenen Familien: bei Lehmanns in der Milchkannengasse, bei dem Großvater Eder in der Trojangasse, bei Tante

Annchen in Zoppot. Ich hatte sehr viel Liebe, Freundlichkeit und Hilfsbereitschaft erfahren — in jedem dieser Häuser, so verschieden sie waren. Viele Verehrer hatten angestanden, aber meistens bemerkte ich sie nicht, ich wandelte wie unter einer Tarnkappe geschützt durch den Alltag.
Ja, der Danziger Alltag! Gassen und Giebel, Beischläge und Dachtraufen, Möwen und Mauersegler, Fischdampfer und Fischfrauen vor Augen und den ewigen Geruch von übergekochter Milch und verbranntem Kaffee auf der Speicherinsel in der Nase, wanderte ich durch die Tore, lehnte über den Brückengeländern, ärgerte mich über die Zugbrücken, die immer dann aufgingen, wenn man's eilig hatte. Die Mottlau, die Radaune, die Ostsee! Hansestadt, umgeben von den Wäldern Langfuhrs und Olivas und den Armen der Weichsel. Der Memlingaltar, aufgehängt in St. Marien, 1473, gekapert von Paul Benecke im Seekrieg gegen England, die Katharinenkirche, die Johanniskirche, die St.-Trinitäts-Kirche, der unser Urahn Weisz Ende des 17. Jahrhunderts als Kirchenältester vorstand; am Krantor Flundern frisch und geräuchert, und immerzu die kleinen Sprotten, auch geräuchert, und nur ein einziger Stand mit frischem Obst auf dem Langen Markt, mit Apfelsinen, Bananen und Ananas, Kokosnüssen und Äpfeln. Angestaunter Luxus war dies zwischen Rats-

keller und Neptunsbrunnen am Artushof. Und was stellte der vor, der Neptun mit seinem Dreizack? Den linken Fuß! Genau gegenüber lag der Eispalast, wo man die Tüte Eis für zehn Pfennig nach der Schule verzehrte, und manche hatten so viel Geld, daß sie fünf Tüten verschlingen konnten. Dicht daneben stand der Giebelbau des norwegischen Konsulates. O Jacky, ich liebte dir ...

Meine Schulzeit war zu Ende, meine Kindheit auch? Die kriegerische Spannung in der Welt wurde von Tag zu Tag stärker, ich nahm es wahr, wie man einen Gewittersturm wahrnimmt, der hinten am Horizont steht, von dem man aber hofft, er werde eine andere Richtung einschlagen und nicht gerade über einen selbst hinziehen.
Danzig, die Stadt, in der ich geborgen war, mußte ich verlassen, eintauschen gegen Bendomin, dessen Geborgenheit jetzt nicht mehr Geborgenheit für mich bedeutete; ich glaubte, meine Welt sei größer geworden und die Hülle Bendomin zu klein. Die ländlichen Verrichtungen, Sensationen der Kinderzeit: Brot backen im Riesentrog, der die ganze Nacht neben dem Herd stand, damit der Teig gut aufgehe, das Feuer im ausgemauerten Backofen drüben im Beamtenhaus, das stundenlang Holz und Strauch verschlang, bis die

Ofenhöhle fast selbst glühte, bis dann die restliche Glut mit einem Schieber herausgekratzt wurde und statt dessen die großen Blechkästen mit dem Teig hineingeschoben wurden, der Duft des frischen Brotes, ein Genuß, der nur alle drei Wochen in die Nase stieg — dies alles waren keine weltbewegenden Ereignisse mehr. Daß Torf und Kohle gespart wurden — ›auf der Diele, da ist es kühle‹ —, den ganzen Winter über, nur zu Treibjagden und anderen Festen das Öfchen dort glühte und das Haus behaglich warm machte — das war alles so wie eh und je. Ich brauchte eine neue Aufgabe.

»Warum eigentlich nicht studieren?«

»Die Zeiten sind zu unsicher, es lohnt nicht!«

»Vielleicht doch?«

»Nach Deutschland kannst du nicht gehen, das können wir uns nicht leisten, und du, als Mädchen, warum willst du studieren? Niemand von uns hat studiert!«

Sicher hielten mich meine Eltern in dem Maße für attraktiv, wie sie sich dachten: ›Nun ist sie so lange zur Schule gegangen, länger als alle anderen Kinder, was soll da ein Beruf, sie wird sicher bald heiraten. Wozu so viel Aufwand? Außerdem ist es nett für uns, ein Kind wieder zu Hause zu haben.‹

So blieb ich in Bendomin und langweilte mich,

nun plötzlich abgeschnitten von jeder geistigen Betätigung und Anregung, die die Schule mir bisher war und die Stadt.

»Ich heile alle Wunden, nur die Liebe nicht«: Dieser Spruch war gestickt auf einem Spitzentäschchen, das in einem Kristallschälchen bei Tante Toni Zielke, die ihrem Schwager, dem Großvater Eder, in der Trojangasse den Haushalt führte, auf dem Toilettentisch lag. Dieses Spitzentäschchen mit seinem altmodischen Spruch und dessen geheimnisvolle Bedeutung hatten es mir schon in den ersten Kindertagen angetan, bei meinen ersten Besuchen in Danzig, wenn ich bei Tante Toni auf dem grünen Sofa mit den roten Rosen übernachten durfte, während die Eltern im Gästezimmer schliefen. Wenn Tante Toni dann morgens umständlich Toilette gemacht, sich die Haare lange gebürstet und frisch mit einer Kräuselschere gebrannt und zu einem hohen Nest oder einer Krone auf dem Kopf zusammengesteckt hatte und das Zimmer verließ, schlüpfte ich von meinem Sofa, holte mir das Täschchen und bewunderte es. Es enthielt nichts weiter als eine Menge zarter Leukoplaststückchen, die man auf einen verletzten Finger oder eine kleine Narbe kleben konnte.
»Ich heile alle Wunden, nur die Liebe nicht« . . .

Ich war gewachsen, ausgewachsen, fortgewachsen, aber sehr gut erzogen, so gut erzogen, daß selbständiges Denken oder ein Ausbruch in einer mir selbst gewünschten Richtung nicht in Frage kam. Dazu die Klammer, die um Polen lag, der immer wachsende Druck Deutschlands unter seinem Führer, der auch in Polen Erbitterung entstehen ließ. Wer war Polens Freund? Rußland nie, Deutschland hätte es werden können unter anderen politischen Voraussetzungen, als sie der Versailler Vertrag gebracht hatte.
Unser Schmied, der die Dinge immer beim Namen nannte, sagte: »Wenn Hitler kommt, dann gut, dann höhere Löhne, Kindergeld, besser verdienen.« Die kaschubische Bevölkerung wäre einem Anschluß an Deutschland unter humanen Bedingungen gar nicht abgeneigt gewesen. Wußte man das nicht im ›Reich‹? Nun, Hitler wollte es gar nicht wissen, stand die ›Lösung‹, wie man das Ostproblem aus der Welt schaffen würde, für ihn doch längst fest. Zweihundert Jahre lang hatte Deutschland versäumt, eine Brücke zu bauen nach Ostpreußen, eine Brücke von deutschen Siedlern, die Brücke einer rein deutschen Bevölkerung. Versailles war die erste Antwort darauf gewesen.
Und was war der Osten im reichsdeutschen Bewußtsein? Der Posten eines Landrats, eines Ge-

richtspräsidenten, eines Regierungsbeamten, eines Assessors — es war für jeden, der ihn annehmen sollte, eine Art Strafversetzung in die Langeweile, in die Einöde, die man abdiente, so gut man es konnte, um sich dann so schnell wie möglich wieder um einen Posten im Reich zu bewerben. So verblieben Danzig und auch Ostpreußen immer in einer gewissen Isolation, die in Friedenszeiten sich nicht übermäßig nachteilig auswirkte, in Kriegszeiten aber die Ursache zu Katastrophen barg.

Carl Jacob Burckhardt schreibt in seinen Erinnerungen ›Meine Danziger Mission‹, daß er in Ost- wie in Westpreußen, in Pommerellen — oder wie die Deutschen und der Westen sagten: im ›polnischen Korridor‹ — Deutsche gekannt habe, die bei ungebrochenem nationalem Zugehörigkeitsgefühl zu Deutschland doch mit allen Mitteln danach strebten, zu Polen ein gerechtes und freundschaftliches Verhältnis zu gewinnen. In Ostpreußen wie in Pommerellen und in Polen habe er viel großzügigere Gastfreundschaft erfahren, viele Hilfe und Aufklärung erhalten. Es sei ihm nie möglich gewesen, an die von den Folgen ungeheuerlicher politischer Fehler am schwersten betroffenen Bewohner jener Gegenden anders als mit tiefem Anteil zu denken. Es handelte sich um Männer und Frauen, die bei tapferstem Widerstand wirkungslos geblieben seien innerhalb der übermächtigen Begebenheiten, an denen sie zugrunde gehen mußten. Die meisten hätten das, was bevorstand, zu ihrer doppelten Qual vorausgewußt.

Mehr ist dazu nicht zu sagen. Das war die Situation, in der wir alle im Korridor standen, die es zu bestehen galt — und die doch niemand bestehen konnte. Und sie zeichnete sich schon klar ab im Jahre 1937.

Geh hinaus und guck dich um!

Was macht man mit einem jungen Mädchen, das gerade achtzehn Jahre alt geworden ist? Man schickt sie zu Verwandten, zu Freunden, in eine andere Umgebung, läßt sie Feste und Bälle mitmachen, staffiert sie hübsch aus, das andere muß ihre eigene Natur dazutun, sie soll sich nur umgucken.

Meine Schwester Irene lebte schon seit Jahren auf Schönwalde, einem Gut im Kreis Chojnice, wo sie eifrig Hühnerzucht betrieb, Hühner numerierte, Eier zählte, in Brutmaschinen Küken ausbrütete, diese wiederum numerierte, Futter mischte und Legehennen aufzog. Es war ein kompliziertes Spiel, aber das komplizierte Spiel war deswegen so nett, weil sie in eine Familie kam, wo sie genauso wie ich bei Lehmanns ein zweites Zuhause fand; sie fühlte sich sehr wohl dort, und weil das so war, wurde auch ich manchmal eingeladen, sie dort zu besuchen, oder die Malkwitzschen Kinder machten sich mit ›Ben, ihrem fröhli-

chen Kaschuben‹, wie sie meine Schwester Irene nannten, auf den Weg nach Bendomin — im Auto.
Die Kinder waren größtenteils in meinem Alter, und wir kannten uns alle schon recht lange, ich glaube, ich war mit fünfzehn Jahren das erste Mal in Schönwalde, und das war so aufregend, daß ich die ganze Nacht dort fast kein Auge zutat. Manuel, der Älteste der Malkwitzschen Kinder, studierte damals in Bonn, aber Herbert und Helene von Malkwitz und noch einige Kusinen hatten sich gerade an diesem Tag vorgenommen, in der Klosterkirche, die Gutshaus und Park schräg gegenüber auf einem kleinen Hügel lag, einen besonderen Besuch abzustatten. Sie wollten nämlich den Deckel zu den Grüften unterhalb des Kirchenbodens vorsichtig heben und ebenso vorsichtig hinunterklettern — was dann auch alles unter viel Wacheschieben unbeobachtet geschah. Die beiden jüngsten Geschwister, Ilse und Maria, hatten wir wohlweislich zu Hause gelassen, sie waren noch zu klein dafür. Natürlich mußte ich mit, ich konnte mich ja nicht feige zeigen, auch wenn mir die Sache nicht ganz geheuer vorkam. Unten war es nun so, wie es sich in einer richtigen Gruft gehört. Sarg an Sarg stand dort, manche waren fest verschlossen, bei anderen ließ sich der Deckel leicht heben, bei einigen lag er nur lose und schief

obenauf. Wir waren alle mit einer Taschenlampe bewaffnet, und als wir in die Särge leuchteten, sahen wir Ritter mit Stiefel und Sporen und Wams und Hut, Frauen und Männer, Geistliche, die noch am gestickten Ornat zu erkennen waren, und alle so klein und zierlich zusammengetrocknet wie ägyptische Mumien, manchmal lag zwischen ihren Gebeinen noch ein Stückchen farbiger Seide oder verblichener Spitze.
In der mittleren Grabkammer fanden wir einen Toten, dessen Kopf zwischen seinen Beinen lag, und dafür gab es folgende Erklärung: Er war ein Vampir gewesen, das Uhüe vom Kloster, und hatte der Familie von Seydlingen angehört, die vor zwei Jahrhunderten das Gut Schönwalde besaß. Einer ihrer Vorfahren soll nun angeblich keine Ruhe in seinem Grab gefunden haben, und da mehrere von Seydlingens bald nach ihm starben, hielt man diesen Toten für die Ursache des Unglücks, das die Familie von nun an verfolgte. Außerdem hatte man beobachtet, daß um Mitternacht der große Bernhardiner des Klosters immer schrecklich heulte und winselte, als kämpfe er mit jemandem. So beschloß man, den alten Vorfahr Seydlingen zu enthaupten, und das Haupt wurde ihm zwischen die Schenkel gelegt. Von Stund an gab es keinen Spuk mehr im Kloster und auf dem Gutshof, gab es keinen Widergänger mehr!

Nachdem wir nun alles mit unseren Taschenlampen angeleuchtet hatten, kletterten wir genauso vorsichtig wieder hinaus, hoben den Bohlendekkel, und zum Glück war wiederum niemand in der Kirche, und wir konnten unsere Gruft ungesehen verlassen; der Deckel lag erneut fest zwischen den Steinplatten. Nachts zog ich dann zu meiner Schwester Irene ins Zimmer, ich hatte ein Zimmer alleine, aber da hielt ich es nicht aus.
Das war meine erste Begegnung mit den Kindern von Schönwalde, mit Herbert hatte ich mich schon öfter in Danzig getroffen, er ging dort auch zur Schule; er war bildschön, da er aber gleichaltrig mit mir war, erschien er mir wie ein Kind.

Als Herbst und Winter kamen, verfrachtete man mich nach Berlin mit dem üblichen Passierschein vom Danziger deutschen Konsulat. In der Nähe von Berlin, in Wünsdorf, lebte mein Onkel Walther Nehring mit seiner stets fröhlichen Frau Annemarie und seinen drei Kindern. Onkel Walther hatte, wie ich schon erzählt habe, seine Ferien immer in Bendomin verbracht, wo er genauso wie ich als Kind hinter meinem Vater hertappelte, ihm die Jagdtasche trug.
Bei Nehrings also sollte ich Haustochter spielen. Das war eine mir völlig ungewohnte Arbeit, besonders der Umgang mit den drei Kindern:

Zuerst Kusine Anne aus dem Bett jagen, damit sie frühstückte und zur Schule ging, dann die beiden Buben greifen und ihnen beim Waschen und Anziehen helfen. Die versteckten sich entweder oder drängten mich in eine Sofaecke und knutschten mich von oben bis unten erst einmal ab. Darin tat sich besonders Christoph hervor, der wie eine kleine Klette nicht abzuschütteln war und sich halbtot lachte, wenn ich mich zu wehren suchte. Dann mußte ich noch Staub wischen, zwischen Gläsern und Geschirr, wo doch überhaupt kein Staub lag. Einkaufen gehen, abends natürlich die Knaben ins Bett bringen. Einmal erbot ich mich, einen Kuchen zu backen, ich behauptete, ich könnte es — und er mißriet total. Das waren meine wenigen Pflichten.

Hin und wieder fuhr man nach Berlin, Schaufenster begucken, und Tante Annemarie kaufte mir zwei superschicke Abendkleider, das Stück zu zwanzig und zu dreißig Reichsmark! Eins aus rosa Taft, obenherum ganz nackicht, das andere aus kariertem Taft mit einem riesig weiten Rock, so recht zum Walzertanzen geschaffen. Wir gingen ins Museum, ins Theater, in die Oper, Kaffeetrinken bei Kranzler an der Ecke, in den Zoo. Und dann wieder in Wünsdorf auf den Villenwegen unter den märkischen Kiefern, die vorbeiflanierenden Leutnants flink mal anschauen, aha, da

ist ja auch einer von Panzer Fünf. Auf den Regimentsbällen, plötzlich mit ein paar hundert fremden Menschen konfrontiert, wo besonders die Frauen alle sehr elegant waren, stellte ich fest, daß ich unendlich schüchtern war und es mir nicht anders erging als damals in Danzig, bei meinem Eintritt in die Viktoriaschule — wer sollte wohl mit mir tanzen? Wer mit mir zusammensitzen?
Tanzten sie nicht mit mir, weil ich die Nichte ihres Oberst war? ›Komm, wir tanzen Lambethwalk‹, das war damals das Neueste, und ich sehe immer wieder meinen Onkel, wie er mit leuchtenden Augen sich munter flirtend durch die Nächte drehte. Er und seine Frau Annemarie, sie waren nie müde. Und die Hauptmannsfrauen, doch meist schon über dreißig, also uralt, mit ihren tiefausgeschnittenen Kleidern, unglaublich, wie sie mit den Leutnants flirteten! Was sollte dazwischen solch ein Gänschen wie ich?
Mein Selbstgefühl stieg auf alle Fälle nicht — und das sollte doch mit diesem Ausflug in die ›große Welt‹ gerade angeregt werden, ich fühlte mich ohne Riesenbälle wohler, und es ist mir später auch auf anderen Berliner Bällen so ergangen. Eine zu große Menge Mensch lähmte mich, trotz der liebenswürdigen Begleitung, die ich immer hatte. So geht's mir noch heute, es sei denn, ich kann mich völlig anonym unters Volk mischen.

Im Jahr 1938 war in Bendomin mit der Agrarreform begonnen worden. Mein Vater sollte 107 Hektar Land abgeben, er hatte dazu die Schläge hinter der Chaussee nach Barkoschin ausersehen und andere Randgebiete. Die deutschen Güter wurden bevorzugt parzelliert, weil man eine breitere, polentreue Bevölkerungsschicht ansiedeln und gleichzeitig eine zu große Prosperität der deutschen Güter verhindern wollte. Die polnische Bevölkerung sollte durch eigenen Grund und Boden fester an Polen gebunden werden. Das Land wurde vermessen und in Parzellen von nicht mehr als dreißig Morgen aufgeteilt. Das war wohl die ungünstigste Größe, die der Staat wählen konnte, denn auf unserem leichten Boden reichte eine so kleine Ackerfläche nicht aus, eine Familie sicher zu ernähren, geschweige denn durch steuerliche und landwirtschaftliche Abgaben der Allgemeinwirtschaft zu dienen. Die Vermessungskosten trug erst einmal der ursprüngliche Besitzer, später sollten sie mit dem Kaufpreis zusammen vom Staat abgelöst werden. Für ein so kleines Gut wie Bendomin bedeutete die Abgabe von 107 Hektar fast den Wegfall eines Drittels seiner Ackerfläche und somit einen schweren Einschnitt in das Wirtschaftsgefüge.

Bendomin hatte in den dreißiger Jahren ungefähr einen Bestand von 50 Milchkühen, 25 Stück

Jungvieh, 15 bis 20 Kälbern, einen Zuchtbullen, 30 bis 40 Pferde, die entsprechende Anzahl von Fohlen, zwei Zuchthengste, 120 Schafe, 50 bis 80 Schweine insgesamt gerechnet und das dazugehörige Federvieh.

Innerhalb von 30 Jahren hatte sich die Viehzahl verdoppelt oder verdreifacht, allein durch intensiveres Bewirtschaften und bessere Bodennutzung. Um so härter war für meinen Vater der Gedanke, von dem so schwer erarbeiteten bescheidenen Wohlstand wieder auf eine Stufe zurückgeworfen zu werden, die ein völliges Umdenken in der Planung und Ausnutzung des noch vorhandenen Grundinventars und der restlichen Bodenfläche erforderte. Dazu die totale politische Unsicherheit, die durch den starken Druck Deutschlands einen nicht minder starken Gegendruck auf polnischer Seite langsam nach sich zog.

Meine Schwester Sabine war schon seit Jahren glücklich wieder verheiratet und lebte mit ihrem Mann in einer Garnison in Ostpreußen. So fuhr ich nach Ostpreußen und sah ein Stückchen dieses Landes. Später kam ihr Mann zu einem Potsdamer Regiment und dann vor Kriegsausbruch noch nach Oldenburg in Oldenburg. So reiste ich nach Oldenburg und spielte auch dort Haustochter, auch dort ging's von Regimentsball zu Regimentsball, und wenn wir nachts nach Hause fuhren, war mein Schwager oft so selig, daß er mit seinem Auto die Kurven äußerst scharf schnitt und wir meist ein Stückchen Bürgersteig mitnahmen — aber was machte das damals schon aus! Der Straßenverkehr war so gering — und wer fuhr schon in der Dunkelheit? —, daß man niemandem etwas antun konnte, höchstens sich selbst. Sabine hatte einen perfekten Haushalt, unter dem ich recht litt. Das Staubwischen bei dem Onkel in Wünsdorf war nichts dagegen. Kein Aschenbecher, der nicht sofort geleert, kein Krümel, kein Kleckschen auf dem Küchenfußboden, das nicht sofort entfernt werden mußte. Daß es so etwas überhaupt gab, hatte ich mir bis dahin gar nicht vorstellen können, und wenn die Regimentsdamen am Nachmittag zum Kaffee kamen — oh, wie glänzte dann alles.

Diese Reisen und Abwechslungen waren alle sehr hübsch und amüsant, füllten mich aber nicht im entferntesten aus. So kam es, daß ich aus Langeweile — das ist sicher von mir jetzt nachträglich etwas gesponnen — krank wurde. Lange krank wurde und bei Professor Schenk im Danziger Diakonissenkrankenhaus ein Vierteljahr mit einer Sepsis lag, bis ich wieder soweit gesund war, daß man mich nach Hause ließ. In den Krankenhäusern war es damals fast schon so wie heute: große Visite, voran der Professor, dann der Oberarzt, dann der Assistenzarzt und dann die Oberschwester. Der Assistenzarzt turnte immer am Bettgestänge meines Fußendes herum, und wenn mir der Chef die Hand gab und wichtige Fragen stellte oder die üblichen Witze machte, kniff er mir in den großen Zeh, wie sollte man da ernst und gesammelt bleiben?

Danach verging noch eine lange Zeit, ehe ich mir wieder zutraute, was ich vorher spielend vermocht hatte, aber ein kleiner Knacks blieb, und der alte Mut stellte sich nicht wieder ganz ein. Ein Trost war, daß sich der Oberarzt so in mich verliebte, daß er mich heiraten wollte, da sagte ich mir: Also so schlimm kann es mit dir ja gar nicht sein; wenn ein Arzt dich heiraten will, der wird nicht so dumm sein, ein krankes Mädchen zur Frau nehmen zu wollen.

Mein Bruder Joachim hatte inzwischen seine Fühler bis in den Kreis Thorn ausgestreckt — er half zur Zeit meinem Vater bei der Bewirtschaftung von Bendomin, um die durch die Parzellierung neu auftauchenden Schwierigkeiten zu mildern. Er hatte das große Glück, eine Frau zu finden, die eine heimliche Königin war.

Wie die Königstöchter in Grimms Märchen, konnte sie Stroh zu Gold spinnen. Alles, was sie anfaßte, gelang, verwandelte sich zum Guten, blühte auf, ordnete sich, und dieses Talent verlor sie nicht bis ins Alter. Das war Irmgard Helwig aus Alt Thorn. Die Helwigs waren ein altes, in der Thorner Weichselniederung ansässiges Bauerngeschlecht. Hans Helwig, dessen Trauurkunde als ältestes amtliches Dokument der Familie vorlag — die Trauung fand 1627 in der Gursker Evangelischen Kirche statt —, war Bauer in Alt Thorn. Das Geschlecht hatte einen Bürgermeister von Thorn, einen Ratsmann und einen römischen Ritter, vier Kirchenälteste in der Gursker Evangelischen Kirchengemeinde, einen preußischen Deichhauptmann, einen Landwirtschaftskammer- und Kreistagsabgeordneten hervorgebracht. Im zivilen Beruf waren neun direkte Nachkommen von Hans Helwig von 1627 bis 1945 Bauern in der Thorner Weichselniederung.

Das also war über drei Jahrhunderte möglich gewesen: daß ein deutsches Geschlecht durch viele Wirren und Kriege und Teilungen seines Staates hindurch überleben, seinen Besitz behalten, ihn mehren und ausbauen konnte, mal preußisch wurde, mal polnisch, mal unter französische Oberherrschaft kam und doch immer deutsch blieb und deswegen niemand anderen erschlug und auch von niemand anderem erschlagen wurde.

's ist Krieg! 's ist Krieg!

Der Sommer war so warm und üppig gewesen, die Ernte so reich wie seit Menschengedenken nicht. Ich saß auf dem höchsten Hügel von Straschin und schaute zum Meer hinaus, über Danzig hinweg, und sah im blauen Himmel Flugzeuggeschwader ziehen, Welle auf Welle kippte über Gdynia im Sturzflug ab, steuerte ihre Bomben ins Ziel, fing sich wieder und entschwand im fernen Himmel. Die Detonationen hallten herüber, neben mir zirpten die Grillen, Zichorie und Skabiosen leuchteten im welkenden Gras. Die Bomben stürzten hernieder über Hela, der Halbinsel, vereinzelter Geschützdonner von Truppen, die schon weit vorgestoßen sein mußten ins polnische Land, wehte aus südöstlicher Richtung heran, und von Danzig herüber drangen zuweilen Schüsse. Doch mir war, als hätte dies alles nichts mit mir zu tun.

Schon vor Tagen war der deutsche Kreuzer ›Schleswig Holstein‹ vor der Westernplatte vor

Anker gegangen. Am 23. August hatte der Gauleiter Forster sich zum Staatsoberhaupt von Danzig erklären lassen. Damit war der Versailler Vertrag endgültig zerrissen, und seit heute früh um vier Uhr fünfundvierzig hatte der Krieg begonnen.

Der Krieg hatte begonnen ... War es zu fassen, daß ganze Völkergruppen Jahrzehnte nichts anderes taten als Waffen schmieden, ihr ganzes Wissen und Können einsetzten dafür, sich selbst zu bewahren und zu beschützen — wovor? Vor dem Raubtier Mensch, vor dem anderen? Vor dem Nächsten? Vor dem Bruder? War es zu fassen, daß nach dem Opfertod von Millionen und Abermillionen die nächste Generation wieder dasselbe tat — und man daneben herlebte, vorgab, es nicht zu wissen, was sich da anbahnte, und sich nun vor der Schlußerkenntnis drückte: Du bist der Mörder deines Bruders, du bist immer wieder Kain, der Abel erschlägt und ihm keinen Raum gönnt, in dem er leben kann ...

's ist Krieg! 's ist Krieg! O Gottes Engel wehre
Und rede du darein!
's ist leider Krieg — und ich begehre,
Nicht schuld daran zu sein!

Was sollt ich machen, wenn im Schlaf mit
Grämen
Und blutig, bleich und blaß
Die Geister der Erschlagenen zu mir kä-
men
Und vor mir weinten, was?

Wenn tausend, tausend Väter, Mütter,
Bräute,
So glücklich vor dem Krieg,
Nun alle elend, alle arme Leute,
Wehklagten über mich?

Was hülf mir Kron und Land und Gold
und Ehre?
Die könnten mich nicht freun!
's ist leider Krieg — und ich begehre,
Nicht schuld daran zu sein!

Matthias Claudius

Um mich aus der Gefahrenzone herauszuhalten, hatten mich meine Eltern Mitte August nach Straschin geschickt. Straschin lag im Freistaat Danzig, und das Gut meiner Freundin Traute erschien ihnen sicherer als Bendomin. Es war selbstverständlich, daß sie nicht von Bendomin fortgingen, ebenso, daß mein Bruder Joachim dort blieb. Um meine Schwester Sabine brauchte sich niemand zu sorgen, sie lebte, wie fast alle unsere Verwandten, im Reich; ihr Mann war Offizier in Oldenburg. Von ihnen trennte uns nun der Krieg, der Krieg Adolf Hitlers. Wie würde er ausgehen?

Auch Malkwitzens hatten alle ihre Töchter nach Danzig gebracht, waren aber selbst auf Umwegen nach Deutschland gegangen und warteten den Kriegsanfang auf der Schlochauer Seite ab, wo ihr Vorwerk lag. Meine Schwester Irene hielt sich weiterhin in Schönwalde auf, dem in Polen gelegenen Malkwitzer Hauptgut, auch der älteste Malkwitz, mein Freund Manuel, blieb in Schönwalde.

Manuel und ich hatten uns die letzten Jahre öfter gesehen, und wir benutzten eigentlich jede Gelegenheit, die sich bot, uns zu treffen, und dabei schauten wir uns immer recht lange in die Augen, und immer um die paar Sekunden zu lange, auf die es ankommt — dann fingen wir beide an zu lachen oder prosteten uns zu. Es war eine ganz stille Gewißheit in uns: Wir gehören eigentlich mehr zusammen, als wir uns eingestehen oder selbst denken wollen. Manuel war genau wie Jacky ganz braun, die Haare, die Augen, nur seine Augen waren doppelt so groß wie die von Jacky. Und er war immer voller Lachen.

Aber weder an ihn dachte ich jetzt noch an Eltern oder Geschwister. Es war, während ich da oben auf dem Hügel in Straschin saß und den Flugzeugen zusah, als sei in mir eine Leitung durchgeschnitten, die vom Herzen zum Verstand führt und umgekehrt. Eine Lähmung hatte mich ergriffen, und diese Lähmung machte mich immun. Ohne jede Nachricht über Familie und Freunde im polnischen Korridor versuchte ich, in Gedanken das Leid zu ermessen, das alle die erlitten, die der Krieg schon erreicht hatte, die tot, verwundet, verschüttet waren oder tot, verwundet, verschüttet sein würden. An Verschleppung, ›Elendsmärsche‹ — wie wir sie später nannten — dachte ich noch nicht. Auch ›Gefangenschaft‹ erschien in meinen Gedanken nicht anders als im Ritter- und Räuberspiel: Man ergab sich und ließ es sich gut ergehen, nun ohne Waffen und aus der Gefahrenzone herausgenommen.

Auf Gut Straschin ging alles ungestört seinen Gang. Unentwegt telefonierten wir, suchten Verbindung in die Kampfgebiete aufzunehmen und zu ergründen, wie die deutsche Front verlief. Erst viel später erfuhr ich, daß am 3. September deutsche Truppen in Bendomin eingerückt waren, doch da an dieser schmalsten Stelle des Korridors kein polnisches Militär lag, war niemand zu Schaden gekommen.

Ähnlich war alles in Schönwalde verlaufen, auf

dem dicht an der deutschen Grenze gelegenen Malkwitzer Gut. Allerdings war Manuel hier am 30. August einer großen Gefahr entgangen, als die Polen versuchten, alle Gutsbesitzer deutscher Nationalität zu verhaften. Die schnelle Besetzung der Güter längs der Grenze durch deutsche Truppen war Manuels Rettung und die des Gutes. Er konnte sich am Seeufer entlang, durch Kartoffelfelder robbend, auf die deutsche Seite durchschlagen und dort beim deutschen Stab noch gerade rechtzeitig durchsetzen, daß das Gutshaus von Schönwalde, das wegen seiner strategisch herausgehobenen Lage, wie die Offiziere vermuteten, von polnischen Truppen besetzt war, nicht mit Artilleriefeuer beschossen wurde.
Alle diese Nachrichten liefen natürlich nicht sofort bei uns in Straschin ein, vielmehr dauerte es fast ganze vier Wochen — meine Straschiner Zeit vor Kriegsbeginn eingerechnet —, die ich in Unsicherheit und Sorge verbrachte. Immer wieder hatte ich erzählt bekommen und auch miterlebt, wie die zwischen den in Polen lebenden deutschen Volksgruppen und ihrer polnischen Umwelt herrschende Spannung — die etwa seit der Besetzung der Tschechoslowakei aufgekommen war — sich ungeheuer verschärft und dann, im August 1939, mit dem Aufmarsch der deutschen Truppen entlang der polnischen Grenze so er-

höht hatte, daß man, war der Krieg unvermeidbar, sofort mit Ausschreitungen und Verhaftungen von Volksdeutschen rechnen mußte — ohne daß es die geringste Möglichkeit gab, sich dagegen zu schützen. So war es wirklich eine Gnade, wenn man seine Familie heil wiederfand.

Sechstausend Volksdeutsche — Zivilisten — mußten in diesen ersten Kriegstagen ihr Leben lassen (Hitler hat später offiziell diese Zahl auf das Zehnfache erhöht angeben lassen). Und was die Weidendahls und ihre Verwandtschaft betraf, so zählte zu denen, die auf dem berüchtigten ›Marsch nach Warschau‹ von Polen erschossen oder erschlagen wurden, Joachim Helwig, der Schwiegervater meines Bruders Joachim, der Vater von Irmgard.

Joachim Helwig war lange Zeit Vorsitzender des Landwirtschaftlichen Vereins für den südlichen Teil Westpreußens gewesen. Durch meine Schwägerin habe ich später erfahren, wie ihr Vater ums Leben kam.

Joachim Helwig wurde als polnischer Staatsbürger deutscher Nationalität in der Nacht zum 1. September 1939 verhaftet und in Thorn ins Gefängnis eingeliefert; dort waren schon viele Deutsche, die sich für die deutschen Belange in Polen besonders eingesetzt und verdient gemacht hatten. In der folgenden Nacht marschierten die in-

haftierten Deutschen unter starker Bewachung von bewaffneten Jugendlichen und Militär in Richtung Warschau. Tagsüber kampierten sie ohne ausreichende Verpflegung in Ställen, nachts wurden die Frauen und Männer in Richtung Alexandrowo weitergetrieben. In der Nacht zum 4. September begann bei Podzamcze eine willkürliche Schießerei: Die Deutschen wurden gezwungen, sich auf den Boden zu werfen, die Köpfe zu heben, und zweiundzwanzig Männer wurden von den Maschinengewehrsalven tödlich getroffen. Hier in Podzamcze endete auch für Joachim Helwig der Todesmarsch. Die Toten blieben liegen und wurden später von Dorfbewohnern in einem Massengrab beerdigt. Pfarrer Dey aus Thorn holte mit Unterstützung des deutschen Konsulats die Toten nach Thorn, die nur schwer identifiziert werden konnten, zum Teil nur an Stoffresten und Gegenständen. Sie wurden vor dem Rathaus in Thorn aufgebahrt, mit einem Staatsakt geehrt und am 22. September 1939 in einem Massengrab auf dem Altstädtischen Friedhof in Thorn beigesetzt.
Denselben Marsch von Thorn nach Warschau machte auch mein Onkel Dr. Konrad Rapke mit, der in Thorn vor dem Ersten Weltkrieg eine Maschinenfabrik besessen hatte und dem es gelungen war, den Betrieb durch die polnische Zeit

zu erhalten. (Es war jener Onkel, der den Mont Blanc bestiegen hatte!) Während sein Bruder Alfred, mit dem er zusammen die Fabrik geführt hatte, von der aufgebrachten Soldateska getötet wurde, überstand Onkel Konrad den Elendszug der gefangenen Deutschen nach Warschau. Er wurde dort mit den noch übrigen Leidensgefährten in die Zitadelle eingeliefert und überlebte die Bombardierung Warschaus. Kurz vor dem Waffenstillstand wurde er von den Wachmannschaften entlassen, das heißt, sie sperrten die Tore des Gefängnisses einfach auf. Barfuß ist er dann durch die Trümmer Warschaus gewankt, in die Freiheit. Nach dem Krieg wanderte er nach Südamerika aus, wo schon seine Frau lebte und sein Schwager Schwinning eine Professur hatte.
Auf den Thorner Marsch nach Warschau gingen dreihundertzwölf Menschen. Einhundertachtundsiebzig sind lebend zurückgekommen. Einhundertvierunddreißig starben eines gewaltsamen Todes.

Als in Danzig Ruhe eingekehrt war, fuhr ich wieder nach Hause: Wir waren deutsch! Von einer kämpfenden Truppe sah ich nichts mehr, der Krieg hatte sich weit in den Osten verlagert, nur manchmal noch hörte man von Hela bei entsprechendem Wind Detonationen herüberwehen;

polnische Bunker wurden gesprengt, die abseits des deutschen Vorstoßes gelegen hatten.
Unsere ›Besatzungsarmee‹ hatte mit dem Krieg wenig zu tun. Sie bestand zumeist aus pommerschen Landwirten, älteren Reservisten, die sich freuten, auf diese Art mal auf anderen Gütern so etwas wie Urlaub zu machen. Dazu trug bei, daß ihr kommandierender General, ein Herr von Ö., Pour-le-Mérite-Träger aus dem Ersten Weltkrieg, ganz versessen darauf war, mit seinen neuen befreiten Untertanen Feste zu feiern, und so gab es kaum eine Woche, in der nicht irgendwo auf einem der umliegenden Güter ein Empfang war, auf dem es zuging, als sollten die Pommereller Schönheiten entschädigt werden für die lange Zeit ihres Auslandsdeutschtums und ihres gewissen Abgeschnittenseins vom ›Reich‹. Es war wie ein immerwährendes Manöver, diesmal nur unter anderem Vorzeichen, und besonders mir, die ich nun schon zwanzig Jahre alt war, bereitete es wie früher Vergnügen.
Von dieser Zeit erzählte mein Vater: »Im Frühjahr 1939 fingen die Siedler auf ihren Parzellen an zu bauen, auch wurden vom polnischen Staat Holzhäuser auf einigen Parzellen errichtet, die Bauten wurden aber nicht fertig, da am 1. September 1939 der Krieg begann und die Deutschen am 3. September schon in Bendomin einrückten.

Diese angefangenen Bauten wurden dann von mir teilweise gekauft und abgebrochen, oder sie wurden von der ›Reichsland‹ (so hieß die staatliche Organisation für die Erfassung und Verteilung von Landbesitz) abgebrochen und auf deren Güter gebracht. Im ersten Jahr mußte ich an die ›Reichsland‹ noch für die 107 Hektar Land Pacht zahlen, obgleich ich vom polnischen Staat noch nicht einen Pfennig dafür bekommen hatte. Die Vermessungskosten für die 107 Hektar hatte ich aber 1938 an den polnischen Staat zahlen müssen.
Nach der Besetzung durch Deutschland nahm die Landwirtschaft im polnischen Korridor (im ›polnischen Korridor‹, sagt mein Vater!) einen großen Aufstieg. Wir bekamen gutes Geld und konnten Maschinen und Kunstdünger zu angemessenen Preisen kaufen. In dieser Zeit kaufte ich mir einen Lanz-Bulldog-Trecker, einen Fahrttrecker mit Gummibereifung, Gartenbinder und Kartoffelroder für Kraftbetrieb und andere Maschinen, zum Beispiel einen Gummiwagen für 100 Zentner Last sowie einen Kaltbluthengst. Auch brachte der Saatkartoffelanbau gute Einnahmen.«
Ich glaube, daß Vater sich sehr freute, wieder Schwung in seine Landwirtschaft bringen zu können. Er war immerhin schon 66 Jahre alt, und noch einmal einen Aufstieg zu erleben war einfach schön für ihn. Der wirtschaftliche Um-

schwung, die Erhaltung des ererbten Gutes, dies alles ließ uns den Krieg vergessen.

Ich erwachte aus dieser Scheinidylle, als am 25. Oktober 1939 mit der Aufhebung der Militärverwaltung dem Heer die vollziehende Gewalt in Polen endgültig aus der Hand genommen wurde. Von nun an war dies Sache der deutschen Zivilverwaltung — und das hieß: Sache der nationalsozialistischen Partei und aller ihrer Organisationen. Damit war, wie Lothar Gruchmann in seinem Buch ›Der Zweite Weltkrieg‹ schreibt, »der Weg frei für die Gewalt und Terrorherrschaft der Himmlerschen SS und Polizeieinheiten, die zur Vertreibung und teilweise physischen Vernichtung der Substanz des ›rassisch minderwertigen‹ polnischen Volkstums antraten, um der germanischen ›Herrenrasse‹ in Polen Raum zu schaffen«.
Ich konnte damals natürlich das ganze Ausmaß der Gewaltherrschaft überhaupt nicht überblikken, nur Einzelheiten in meiner nächsten Umgebung beobachten. Doch es hat Deutsche gegeben, die sich dagegen auflehnten, und es war mir tröstlich, zwanzig Jahre später bei Gruchmann zu lesen, daß »sich die örtlichen Militärbefehlshaber in Polen, die noch Vorstellungen traditioneller Kriegführung verhaftet waren, durch Proteste an die Führung gegen die seit Oktober 1939 einset-

zenden systematischen Verhaftungen und Exekutionen der polnischen Intelligenz und gegen die Massenerschießungen von Juden durch die SS wandten. Am bekanntesten ist die Denkschrift des als Nachfolger von Rundstedts als Oberbefehlshaber Ost eingesetzten Generaloberst Blaskowitz an Hitler im November 1939, die Blaskowitz schließlich nur die Enthebung von diesem Posten einbrachte, da man — wie Hitler kommentierend erklärte — mit ›Heilsarmee-Methoden keinen Krieg führen‹ könne.«
Unsere Leute waren bis dahin alle unsere Freunde gewesen, nie hätte einer die Hand gegen uns erhoben, gar einen von uns erschlagen, und nie wären wir auf den Gedanken gekommen, ihnen etwas anzutun. Ja, unsere kaschubischen Arbeiter hofften sogar auf ein größeres Reich und damit auf wirtschaftliches Wachstum. Und was war nun geschehen? Das Gegenteil: »Polen sind Schweine, wer sich mit Polen einläßt, ist auch eins« — solche und ähnliche Kommentare standen im ›Danziger Vorposten‹. Dies war die empfohlene Politik Hitlers, die von seinen beiden Gauleitern Forster in Danzig-Westpreußen und Greiser im Warthegau erbarmungslos durchgeführt wurde. Wir faßten uns alle an den Kopf: War dies der Preis, der außer dem Krieg noch für unsere ›Befreiung‹ zu zahlen war?

Die SS, die sich als Elite der Nation gebärdete, hatte gleich in den ersten Kriegstagen viele Söhne der Großgrundbesitzer angeworben.
Mein Bruder war auch unter ihnen.
Plötzlich tauchten die merkwürdigsten Gerüchte auf. Die Besitzer von Berenter Geschäften waren über Nacht verschwunden, niemand wußte, wohin, ob sie ›freiwillig‹ gegangen waren oder ob man sie gezwungen hatte, ihr Hab und Gut zu verlassen. Die polnischen Besitzer kleinerer und größerer Höfe verschwanden ebenso nach und nach über Nacht, es hieß, die Höfe würden von der SS umstellt, die Einwohner dürften einen Koffer packen, und wenn sie Glück hätten, würden sie in Züge verladen, die sie ins Generalgouvernement brächten. Unsere Freunde, die Lenskis aus Sabąsc, verschwanden, wir hörten immer nur Vages, nie Bestimmtes, ob sie am Leben seien oder nicht. Einmal gab mein Bruder voller Entsetzen den Bericht eines Kameraden wieder, der gezwungen worden war, bei einem Erschießungskommando dabeizusein, das angebliche Verbrecher zu liquidieren hatte. Einer der Exekutanten wäre darüber wahnsinnig geworden, er hätte das Gewehr fortgeworfen, wäre davongelaufen und dann in eine Irrenanstalt eingeliefert worden.
Wenn dies die Freiheit war, die Deutschland uns

brachte, wenn dies alles wahr war und zu den Praktiken dieses Reiches gehörte, dann hatten wir an demselben Tag, an dem dies zum erstenmal geschah, was nun zur Regel wurde, unser Todesurteil erhalten und trugen es von Stund an bis zum Kriegsende in der Tasche, ständig, Tag und Nacht. Nichts konnte uns Rettung bringen, wir waren in der Mausefalle, und die hieß Deutschland, Deutschland und Hitler, und das bedeutete: Schlage den andern tot, so lange du es noch kannst; tust du's nicht, bist du selbst des Todes. Einer wird immer da sein, der dich erschlägt: der polnische Siedler, dem du alles nahmst, der polnische Kaufmann, den du vertriebst, der Jude, den du nicht umbrachtest; und selbst wenn sie auferstehen würden aus ihren Gräbern, alle, die umkamen, und dich schützen wollten — es gäbe keine Gnade für dich und keinen Unterschied zwischen ›schuldig‹ und ›unschuldig‹. Denn wo sollte Gnade sein, wenn Deutschland Steine gab statt Brot?

Hochzeit auf Bendomin

Durch die lange, ungewisse Trennung in den ersten Kriegstagen waren Manuel und ich uns endgültig darüber klar geworden, daß wir von nun an unsern Lebensweg gemeinsam gehen wollten. Manuel kam aus Schönwalde mit dem Auto und hielt förmlich bei meinen Eltern um meine Hand an. Mein Vater, meine Mutter und ich setzten uns in den Zug nach Konitz und fuhren von dort nach Schönwalde, und die erste Schwiegertochter bei Malkwitzens wurde herzlich empfangen. Vielleicht hatten Manuels Eltern im stillen gehofft, daß er sich ein Mädchen von einem der größeren Güter aussuchen würde, vielleicht war es ihnen ebenso ergangen wie weiland der Großmutter Hedwig Modesta, als Walter seine Margarete heimführte. Sollten sie es wirklich gefühlt haben, so haben sie es mich auch nicht eine Sekunde spüren lassen, sie waren die taktvollsten Menschen, die ich kannte, und wenn ich noch einmal zur Welt käme und die Wahl hätte, mir Schwiegerel-

tern auszusuchen, so würde ich nur diese wählen.
Alles wurde sorgsam und gründlich von den Elternpaaren besprochen: Wir, Manuel und ich, sollten in Schönwalde den ganzen linken Flügel der ersten Etage bewohnen. Es waren fünf Zimmer, zwei davon so groß wie Säle, davor eine riesige Terrasse, von der man über den ganzen Park mit seinen Rosenhecken bis hin zum Blumfelder See blicken konnte. Ich nehme an, daß der Vater meines Schwiegervaters die Wiesen an der Lichtung bis zum See hin absichtlich so einfassen ließ mit Birken, Buchen und Kiefern, damit der Eindruck einer vollkommenen Parklandschaft entstand, die sich ins Unendliche dehnte. Links auf einer kleinen Anhöhe lag das Kloster, dessen Grüfte wir als Kinder untersucht hatten, daneben die Dorfschule und die Leutehäuser. Das Gut Schönwalde war auch nach seiner Parzellierung mindestens dreimal so groß wie Bendomin, und der Lebenszuschnitt war entsprechend weitläufiger und großzügiger. Also mußte die Wäscheaussteuer von ›Strunkmann & Meister‹ in Bielefeld sein, und die noch fehlenden Möbel, die zu den in Schönwalde vorhandenen antiken Stücken passen sollten, wurden in Konitz gefertigt. Ich, die Braut, wurde gebeten, einen Lehrgang im Plätten mitzumachen, wo ich Frackhemden und Ecken-

kragen bügeln lernen konnte, als ob das steife Frackhemd auch für unsere Zukunft noch Bedeutung haben würde. Ich willigte ein und nahm gleich noch einen Schneiderkursus in Danzig mit. Damit war die junge ›Hausfrau‹ fürs Leben gerüstet. Hilfskräfte gab es immer noch genug, und es war in Schönwalde soviel Raum da, daß niemand sich beengt fühlte.
Im Gegensatz zu Bendomin lag das Gut Schönwalde innerhalb Polens in einer fast rein deutschen Enklave, der Koschneiderei. Und da die Dörfer um uns herum und auch unsere Schönwalder Arbeiter deutsch waren, rückte das Entsetzen über die deutschen politischen Machenschaften mehr und mehr in den Hintergrund, war ich zumindest nicht täglich damit konfrontiert.

Aber noch war ich in Bendomin, und es erhob sich die Frage, ob mein Vater weiter das Gut bewirtschaften oder es meinem Bruder Joachim überschreiben sollte und seiner Frau Irmgard. Wäre Joachim Besitzer geworden, hätte man mit einer sofortigen Einziehung zur Waffen-SS rechnen müssen, da der Staat mit Fug und Recht sagen konnte: Da ist ja noch ein alter Vater, der bisher das Gut verwaltet hat, also kann man den Sohn nicht u.k. (unabkömmlich) stellen.
Viele der polnischen Güter im gesamten Umkreis

waren, als ihre Besitzer wie vom Erdboden verschwanden, ohne Verwalter. Da geschah etwas, was mir, sooft ich daran denke, noch heute einen Schauder den Rücken hinunterjagt. Das Gut Preetz wurde frei — das Gut, auf dem einst meine Mutter als Erzieherin gewirkt hatte —, und mein Bruder Joachim mit seiner Frau Irmgard wurde von der ›Reichsland‹ angewiesen, die Verwaltung zu übernehmen. Ich hatte das Gut noch nie betreten. Jetzt, als mein Bruder hinbeordert wurde, fuhr ich mit ihm hin.

Es war, als käme man in das Haus eines Toten, der nicht Zeit gehabt hat, die Spuren seines Lebens zu verwischen. Die Küche schien gerade verlassen, die Töpfe und Tassen standen noch auf dem Tisch und auf den Borden, nur die Glut im Herd war ausgegangen, die Schränke waren voller Wäsche, die Tischdecken verrutscht, die Blumen am Welken. Das Vieh brüllte in den Ställen, und die Hunde jaulten an ihren Ketten.

Damit nicht alles zugrunde ging, mußte jemand sofort zupacken, Pferde waren da, vereinzelt auch Leute, sie kamen zögernd aus ihren Hütten, ihre Verängstigung legte sich bald: Mit meinem Bruder war ja nun wieder ein Chef da, der, wie man in Bayern so schön sagt, ›anschaffte‹.

Nach zwei Jahren, in denen Joachim und seine Frau hart gearbeitet hatten, waren Haus, Hof und

Garten nicht wiederzuerkennen, und mein Bruder war immer noch u.k. gestellt. Der erste Sohn Rüdiger wurde am 26. Oktober 1943 geboren, und Glück und Zufriedenheit herrschten in Preetz.

Ob ich im Jahre 1941 jene Zeilen gelesen habe, die ein gewisser Wilhelm Löbsack, Gauschulungsleiter, schrieb, muß ich bezweifeln. Aber hätte ich sie gelesen, was hätte ich dagegen unternehmen wollen? Hier sind seine Sätze, und jeder, der sie in Danzig damals nicht las, mag es heute tun. Löbsack schrieb 1941:
»Die nationalsozialistische Volkstumpolitik ist entscheidend geprägt von dem Grundsatz, das Deutschtum innerlich und zahlenmäßig zu stärken und fremdes, unerwünschtes Volkstum zu entfernen. Bereits im ersten Jahr des Aufbaues konnte erreicht werden, beträchtliche jüdische Gruppen, die sich in den befreiten Gebieten des Gaues befanden, zum Verschwinden zu bringen, so daß der Reichsgau Danzig-Westpreußen heute als erster Ostgau als *judenfrei* zu bezeichnen ist! Schon im Oktober 1939 kamen dann die ersten Umsiedler aus den baltischen Ländern, später aus dem Generalgouvernement. Deutsche aus Bessarabien und Litauen werden im Jahre 1941 in großer Zahl eingesetzt.«

War es so? Ja, so war es. Und bei uns gab es bald den Spruch: ›Allen Balten zum Trotz sich erhalten.‹ Hitler hatte den Russen die gesamten baltischen Provinzen — Litauen, Lettland, Estland — als Einflußgebiet überlassen, so daß sie dort Militärstützpunkte errichten konnten, und die Baltendeutschen wurden von ihren angestammten Gütern aus- und im ehemals polnischen Gebiet angesiedelt. Löbsack: »Gemeinsam mit den Männern des Staates arbeiten die Männer der Partei unter der Verpflichtung ihres Gauleiters, ›Ordensritter des 20. Jahrhunderts‹ zu sein!«

Das hörte sich damals vielleicht ganz gut an, besonders für die Leute, die aus dem Altreich kamen und von den wirklichen Verhältnissen im Korridor und im Posenschen keine Ahnung hatten. Sie konnten sich dann mit gutem Gewissen dafür einsetzen, ›Ordensritter des 20. Jahrhunderts‹ zu sein. Ich hätte es auch gerne gekonnt, und manchmal redete ich mir ein: Ach, warum soll's nicht gutgehen? Vielleicht ist das Unrecht wirklich nicht so groß, wie es dir vorkommt, vielleicht brauchst du nicht den Preis zu zahlen, den du schuldig bist.

Ordensritter wider Willen, eingeschworen auf Gesetze, die niemand von uns sich in dieser Brutalität hätte ausdenken können, wurden wir, die wir nun im Gesamtverband des deutschen Volkes lebten, dem wir uns seit Menschengedenken zugehörig gefühlt hatten, gezwungen, ›Ja‹ zu sagen, auch dort, wo wir lieber ›Nein‹ gesagt hätten, auch dann, als uns der Wahnsinn und die falsche politische Einschätzung der Beziehungen zwischen Deutschland und Polen völlig klar war.

’s ist Krieg: O Gottes Engel wehre
Und rede du darein!
’s ist leider Krieg — und ich begehre,
Nicht schuld daran zu sein!

Der Bendominer Garten blühte in seiner ganzen bäuerlichen Pracht, Narzissen und Flieder verströmten ihren Duft, und die vielen, vielen Vergißmeinnicht, die nicht nur auf den Beeten bei uns standen, sondern sich überall auch auf den abgelegeneren Wiesen ausbreiteten, zogen das Blau des Himmels auf die Erde. Manuel und ich heirateten am 28. Mai 1940. Die Familien mit allen ihren Angehörigen waren beisammen, diesmal nicht in der Loge Eugenia in Danzig, diesmal in Bendomin. Wie das Haus die Menschen faßte, weiß ich nicht mehr. Wahrscheinlich wurden in einigen Zimmern große Strohschütten mit Brettern abgeschlagen und mit Laken bedeckt, damit die müde Jugend ihr Haupt niederlegen konnte in der Nacht, denn die An- und Abfahrt zu den einzel-

nen Gütern war viel zu weit, als daß man das an einem Tag bewältigen konnte.
In Kutschen ging's zur Barkoschiner Kirche, Manuel und ich als letzte im Landauer. Vorne auf dem Bock saßen Josef Kropidlowski und der Fohlenjunge. Wir jonglierten noch ein wenig mit dem langen Schleier, den Rosen, den Myrten, dem Zylinder und freuten uns und waren gleichzeitig verwirrt, die Fahrt durch die Barkoschiner Heide ging viel zu schnell. Wir fuhren den Berg hinunter zum See, an dem die Kirche und der Hügel mit dem Friedhof lagen; Seen gab's überall in der Kaschubei, nicht nur in Bendomin, jedes Dorf, jedes Gut hatte meistens sogar zwei Seen. Plötzlich ruckelte der Landauer bedenklich und neigte sich nach links hinüber. Schließlich standen die Pferde, und Josef sprang bleich vom Bock. Das linke Vorderrad war abgegangen und rollte vor uns sachte zum Wasser hinab. »Das bedeutet Unglück«, murmelte Josef ganz verstört. Wir waren nur noch dreihundert Meter von der Kirche entfernt, und Maria, Manuels jüngste Schwester, kam herangehüpft, ergriff meine Schleppe und steuerte Manuel und mich durch den aufböenden Wind zur Kirche, wo die andern erwartungsvoll Spalier standen. Sicherlich war die Kirche geschmückt, wie es sich gehörte, mit grünenden Birken und vielen Blumen, ich sah vor

Aufregung nichts mehr. Auf alle Fälle ging nun alles glatt, und ich sehe uns wieder in Bendomin, nach vielem Essen, vielem Trinken, vielen Reden. Es wurde Abend, und ich nahm Abschied von meinen Eltern.

Zum erstenmal gewahrte ich Tränen in den Augen meiner Mutter. Heute weiß ich, was sie bedeuteten. Sie gab ihr letztes und jüngstes Kind aus ihrem Haus, aus ihrer Vorsorge, aus ihrer Liebe, nicht aus ihrem Herzen. Aber war das Herz noch gefragt? Ging mit mir nicht ihre letzte Aufgabe, ihr letzter Auftrag, ihr letztes Lebensziel fort, aus dem Hause? Ich war betroffen und werde diese Tränen nie vergessen. Und doch kann ich sie erst heute deuten. Mit einundzwanzig Jahren sinnt man nicht über Tränen nach, besonders an einem solchen Tag!

Und dann unsere Hochzeitsreise: Von Zoppot ging's nach Wien, wir ließen dort nichts aus, was zu Wien gehört, vom Prater bis nach Schönbrunn durchstreiften wir es mit Genuß, war doch damals alles leer — man hätte in Schönbrunn Versteck spielen können zwischen den Hecken. Weiter ging's nach Zell am See, wir fütterten beim Frühstück die Schwäne, die die Halbinsel des Hotels umkreisten, fuhren auf die Schmittenhöhe, und ich hörte zum erstenmal, wie in der dünnen Luft die Schwingen der Vögel sirrten, ganz anders als im Tal, und der Blick schweifte weit bis zum Glockner. Für mich, das junge Mädchen aus dem Flachland, aus der großen Weite, waren die Alpen ein unerhörtes Erlebnis. Mir war, als hätte ich meine ursprüngliche Heimat gefunden, in einer Landschaft, die ich nur vom Hörensagen kannte.

Als wir reisten, gab es noch keinen Massentourismus, und niemand glaubte, die Welt im Auto, im Bus, im Flugzeug durchrasen zu müssen. Wir wandelten noch einsam durch den Park vom Prinzen Eugen, dem edlen Ritter, und ging man in Zell am See nur ein paar Schritte die Berge hinan, umgaben einen Hoheit und Einsamkeit, ungestörte und unversehrte Natur mit dem herben Duft der Alpenkräuter und der Blüten, die so unendlich viel leuchtender waren als die Blüten auf unseren Wiesen zu Hause. Der Zauber des mittelalterlichen Innsbruck, die Tiroler Dörfer, ich weiß nicht, was am schönsten war.

Heute kann ich aus der Erinnerung sagen: Gott sei Dank führte uns der Weg nicht über die Alpen, über den Brenner bis weiter in den Süden, bis nach Rom — ich glaube, mein Leben hätte einen anderen Verlauf genommen und ich wäre ausgebrochen in ein Land ewiger Sonne und ewigen Lichtes. »Rome, my country, city of my soul«, in diesem Satz von Byron ist alles eingeschlossen, was ich empfinde, wenn der Süden, ja mit ihm fast der Orient mich umarmt. Aber es war Krieg damals, wir konnten nicht ins Land jenseits der Alpen reisen. Unser letztes Reiseziel war München, und auch hier besuchten wir alles, was dazugehörte: die Schlösser, den Englischen Garten, die Kirchen, die Ausstellungen, und wenn ich daran zurückdenke, ist's mir, als hätten wir ständig ein Schild umgehängt getragen: ›Hochzeitsreisende‹. Vom Krieg keine Spur; der in Polen war vergangen, der andere hatte noch nicht richtig begonnen, jedenfalls für uns. Luftalarm, was war das damals schon? Eine amüsante Übung.

Die Ankunft zu Hause: eine umkränzte Haustür! Eine fix und fertig eingeräumte Wohnung, in der auch nicht das Geringste fehlte! Wir packten unsere Koffer aus, als hätten wir es schon immer hier getan, dabei war's für mich doch das erste Mal, trotz der vielen Besuche vorher. Eine neue, andere Welt tat sich auf.
Manuel mußte um sechs Uhr früh zum Arbeitsanfang auf dem Hof sein — dies alles lief ab wie in Bendomin. Gegen halb neun kam er zum Frühstück ins Haus. Bis dahin war ich dann auch wach, genügend wach, um mich munter mit ihm zu unterhalten. In unserem Frühstückszimmer

war nach Süden ein neues breites Fenster eingebaut worden. Die Fensterbank war so tief, daß Blumentöpfe darauf dreifach gestaffelt Platz hatten, in den Ecken standen die hohen, bunten Nesseln oder Calla, Asparagus und, je nach Jahreszeit, Hyazinthen, Primeln, Alpenveilchen, ein buntes Gemisch, das sommers wie winters immer nach Frühling duftete. An dem fertig gedeckten Frühstückstisch mußte ich auf einem kleinen Spirituskocher den Tee zubereiten und die Eier mit Pilzen oder Tomaten braten. Das war eigentlich die einzige Arbeit, die ich zu verrichten hatte. Um 10 Uhr brachte der Kutscher die Reitpferde ans Haus, und Manuel und ich ritten aus, über die Felder, sahen, wie weit die Arbeiten gediehen waren. Manuel disponierte vor, und um Punkt zwölf saßen wir in unserem großen Terrassenzimmer zu Tisch. Mein kleines Mädchen Czecha servierte uns das unten in der Gutsküche gekochte Essen, und einer der Eleven aß meistens mit uns. Die letzten Kriegsjahre war es Rosemarie von M., eine Jugendfreundin von Manuel. Als die M.s keinen Erben mehr für ihr zweites Gut hatten, lernte Rosemarie bei uns Landwirtschaft. Sie wurde meine beste Freundin. Sie wußte alles, wußte als leidenschaftliche Jägerin, wo um vier Uhr früh der beste Bock in der Dämmerung stand, und sie wußte, wo Not war, und hatte immer Zeit zu helfen. Rosemarie war blond, streng und schön und hatte einen ständigen Begleiter, einen schwarzen, struppigen, zotteligen Hund, der ihre Schönheit noch mehr hervorhob. Am Abend trafen wir uns alle, festlich umgezogen, an der großen langen Tafel der Schwiegereltern, mit den anderen Kindern, mit den ständigen Gästen: den Onkeln und Tanten, Nichten und Neffen, Freunden und Freundinnen der Geschwister.

So begann jeder Tag wie ein Fest, und jeder Tag endete wie ein Fest. Die Schwierigkeiten, die man hatte, wurden nie an der gemeinsamen Tafel erwähnt, geschweige denn ausgetragen. Dazu gab es das Arbeitszimmer meines Schwiegervaters und auch sonst genügend Raum im Haus und stille Stunden, in denen man besprach, was auf dem Gut nicht in Ordnung war oder verbessert werden konnte. Frühmorgens, wenn alles noch schlief, schlich Deul, der alte weißhaarige Gärtner, durchs Haus, ordnete alle seine großen Blumenfenster, ergänzte die abgeblühten Töpfe durch frische, goß und düngte und entfernte das Welkende. In Bendomin war Josef früh um sechs durchs Haus geschlichen, hatte die Schuhe, die vor den Zimmertüren standen, geholt und sie mit Hingabe in der Küche geputzt, um sie, dann schon mit vermehrtem Gepolter, vor den Zimmertüren wieder abzuladen.

Meine Schwiegermutter war eine eifrige Jägerin, und es dauerte nicht lange, so machte auch ich meinen Jagdschein, wurde doch ›Schwiemu‹, wie wir sie nannten, zum bewußten, oder mehr noch: unbewußten Vorbild für mich. Oder erzog sie mich so geschickt, daß ich einmal fähig werden sollte, in ihre Fußstapfen zu treten? Sie hatte unten im Park ihren eigenen Staudengarten, wo sie ihre Lieblingsblumen anpflanzte und vermehrte. Ich bekam daneben einen Staudengarten, wo wiederum ich meine Lieblingsblumen anpflanzte und vermehrte. Aus diesem Blumenvorrat stellten wir alle Sträuße im Haus zusammen. Dabei war der hellblaue Rittersporn mit seinen langen Stielen meine größte Wonne. Wenn man an einem Sonnentag in mein Gärtchen trat, schlug einem zur Zeit der Federnelkenblüte ein betäubender Duft entgegen, denn alle Rabatten waren von ihnen eingefaßt. Im alten Birnbaum, der auch im Gärtchen stand, nistete in einem Astloch ein Wiedehopf mit seiner Familie, und alle stellten stolz ihre Kämmchen auf, wenn sie das Nest verließen. Hinter dem Gärtchen lebten unsere Angorakaninchen in ihren Ställen, weiße Tiere, deren Wolle wir auskämmten und an eine staatliche Sammelstelle abliefern mußten.

Reiten, baden, rudern, jagen, Pilze sammeln, durch die Felder fahren, mit den Hunden auf die

Pirsch gehen — so verging der erste Sommer in Schönwalde. Manuels Geschwister, Herbert, Helene, Ilse und Maria, besuchten teils noch die Schule, teils hatten sie einen Beruf oder eine Lehre angefangen. Helene wurde Nachrichtenhelferin, Herbert lernte Landwirtschaft, bis er zur Luftwaffe eingezogen wurde — er hatte nur einen Wunsch: Flieger zu werden.

Abschied von der Mutter

Aus Bendomin kamen Briefe, die anzeigten, daß es stiller dort geworden war. Joachim und Irmgard bewirtschafteten ihren Hof in Groß Preetz fast bis zum Kriegsende — erst am 8. Dezember '44 wurde mein Bruder eingezogen —, und sie hatten alle Hände voll zu tun, so daß sie nur ganz selten einmal Zeit fanden, in Bendomin hereinzuschauen. Irene, die inzwischen perfekt in Saatzucht und Kartoffelanbau ausgebildet war, wohnte zwar in Bendomin, war aber den Sommer über ständig auf Reisen, um die Versuchsfelder auf den einzelnen Gütern zu inspizieren und festzustellen, ob die Bestände als Saatgut erster, zweiter oder dritter Klasse anerkannt werden konnten, damit sie entsprechend hohe Verkaufspreise brachten.
Wenn ich einmal hinüberfuhr, sah ich, daß mein Vater und Pallasz sich viel Mühe gaben, alles rationeller zu führen. Mein Erntefest, wie ich's als Kind erlebt hatte, gab es nicht mehr. Keine Musik

zog mehr die Lindenallee entlang vors Haus. Keine singenden Mädchen, kein Hofmeister, der eine Ansprache hielt, keine neue Erntekrone, die meine Mutter anstelle der alten in die Diele hängen ließ.

War sie alt geworden, meine Mutter? Sie, die nie geklagt hatte, klagte jetzt öfters über Rückenschmerzen, und wenn sie auf dem Sessel saß und strickte, sank das Strickzeug bald auf ihren Schoß, und sie hielt die Hände still. Professor Sch., der Chefarzt des Diakonissenkrankenhauses in Danzig, zu dem wir mit allen Wehwehchen seit Jahren gegangen waren, hielt es für Rheuma (wie er zu diesem Ergebnis kam, auch nach den damaligen Untersuchungsmethoden, wird mir ewig unverständlich bleiben). Meine Mutter wurde immer weniger, und da wir Malkwitzens unsern guten Hausarzt in Schlochau hatten, den Chef des dortigen Krankenhauses, der jede Krankheit in Schönwalde kurierte, riet ich meiner Mutter, sich von ihm untersuchen zu lassen. Sie kam tapfer und sehr elend mit der Bahn angefahren und siedelte dann ins Schlochauer Krankenhaus über, das sie nicht mehr lebend verlassen sollte.

Sie starb am 13. Oktober 1941. Woraus hatte ihr Leben bestanden? Aus dem unermüdlichen Dienst an ihren Kindern und an ihrem Mann. Sie

war der Mittelpunkt, die unsichtbare Kraft, um die sich alles drehte. Fehlte sie, war das Haus leer. Sie war in meinen Augen das A und O meines Daseins, des Daseins von uns allen. Warum ihre Tränen an Manuels und meinem Hochzeitsabend, als wir voneinander Abschied nahmen? Empfand sie, spürte sie ihr Ende? Wußte sie um die Kraft, die sie aufbringen mußte, um im engen Schein der Bendominer Petroleumlampe die leerer werdenden Abende zu füllen? War ihr Sinn nicht immer ein Stückchen über Bendomin hinaus gerichtet gewesen in eine Welt, die weiter war als die ihre und die ihr das Schicksal versagt hatte?
Sie lag über sechs Wochen bei Dr. H. in Schlochau im Krankenhaus, bis er die an sich wohl ganz hoffnungslose Operation wagte, aus der sie nicht mehr erwachte. Als wir sie gegen Mittag auf ihrem Totenbett in ihrem Zimmer besuchten, war an ihrer Seite noch Blut durch die Bettdecke getreten, das Gesicht in Stille, Ferne und Frieden heimgekehrt. In ihrer Nachttischschublade lag ein Brief an meinen Vater. Sie hatte mit ruhiger Hand geschrieben, sie wünsche, in Danzig eingeäschert zu werden, selbst die Lieder hatte sie bestimmt: »Jesus, meine Zuversicht und mein Heiland ist im Leben, dieses weiß ich, sollt' ich nicht, darum mich zufriedengeben, was die lange Todesnacht, mir auch für Gedanken macht: Jesus, er

mein Heiland lebt. Ich werd' auch das Leben schauen ...«
Dies war ihr Vermächtnis an uns, das Vermächtnis einer Frau, die nie geklagt hatte, die nie ihre Probleme anderen aufs Herz gelegt hatte — die allein zu sterben verstand, ohne ein Wort des Jammers, das je die Tage vorher über ihre Lippen gekommen wäre. Selbst den Pfarrer hatte sie bestimmt: Pfarrer Harder von St. Katharinen in Danzig, dessen Vater bis zu seinem Tod der Pfarrer der Berenter evangelischen Gemeinde gewesen war. So verließ uns unsere Mutter ohne jeden Aufwand, wie sie auch ohne jeden Aufwand gelebt hatte.

Als sie noch im Schlochauer Krankenhaus lag, war ich oft zu ihr hinübergefahren; doch es waren immerhin zwanzig Kilometer hin und zwanzig Kilometer zurück, das Benzin war knapp geworden, und ich konnte es nicht für meine Fahrten beanspruchen, ebenso nicht den Kutscher und zwei Pferde für einen ganzen Tag. So blieb ich manchmal in Schlochau im Hotel zur Nacht. Und da geschah es, daß ich einmal bei einem solchen längeren Besuch — es war auf den Tag genau vier Wochen vor ihrem Tod — einen merkwürdigen Traum hatte, wobei das Wort Traum zu schwach ist, um das zu bezeichnen, was mir widerfuhr. Es war, als hätte ich durch eine ungeheure Erschütterung eine Vision, einen Einblick in eine andere Dimension, in eine jenseitige Welt erfahren. Die Erschütterung war so groß, daß sie mich noch tagelang in eine Art Berauschtsein versetzte. In diesem Zustand eilte ich morgens sofort ins Krankenhaus zu meiner Mutter, um ihr ›mein Gesicht‹ zu erzählen, das ich sonderbarerweise nicht auf den nahen Tod meiner Mutter bezog, sondern ganz allein auf die politische Lage, auf den mit Rußland im Juni '41 begonnenen Krieg, und ich legte mein Heilserlebnis so aus, daß ich fest daran glaubte, noch in diesem Jahr gäbe es Frieden — wir, und alle anderen Völker auch, würden den ›Frieden‹ erleben.

Mir hatte geträumt, ich stände in Bendomin auf dem großen Rondell vor dem Haus, die Sonne schien, und plötzlich sah ich drei riesige Vögel, den einen rot, den anderen schwarz und den dritten weiß, sie kämpften miteinander und schraubten sich in großen Kreisen immer tiefer auf die Erde, so tief, daß sie mich mit den nächsten Schnabel- und Krallenhieben zerreißen und töten mußten. Wie zum letzten vergeblichen Schutz legte ich beide Arme vor die Augen, und da geschah das, was ich ein ›Gesicht‹ nenne, so wie es die Leute in der Bibel nennen, wenn sie eine Erscheinung haben, die ganz unerklärlich ist.

In dieser letzten Not also erlebte ich, wie sich der Himmel über mir teilte und statt der Vögel eine Gestalt erschien, leuchtend in blendendem Licht, sie breitete beide Arme aus, und ein unendlicher Frieden strömte hernieder, von ihr, von ihren Händen, von dem geöffneten Himmel, umhüllte mich ganz, umfloß mich ganz, verwandelte mich ganz, berauschte mich ganz — alle Gefahr war abgewendet, ich hatte den Frieden Gottes erlebt, ich hatte eine neue Welt geschaut. Da erwachte ich, und nun im irdischen Dasein erschien ich mir selbst so berauscht, als hätte ich auf nüchternen Magen eine Flasche Sekt getrunken, und dieser Rausch hielt an, mehrere Tage. Ich stürzte wie trunken aus dem Hotel zu meiner Mutter, um ihr zu sagen: »Nun wird alles, alles gut! Nichts kann uns mehr geschehen! Auch du wirst bald gesund werden.« Ich konnte es nicht beschreiben, daß ich einen neuen Himmel und eine neue Welt geschaut hatte.

Ich hatte nie über Religion gesprochen, meine Mutter auch nicht. Nie habe ich erlebt, daß sie versuchte, uns in bestimmte Bahnen zu leiten, sie ließ uns geborgen in ihrer Hut heranwachsen, das genügte. Sie blieb stets im Hintergrund, und doch muß an ihrer Erscheinung etwas gewesen sein, daß, wenn sie in einer Gesellschaft das Zimmer betrat, sich alles ihr zuwandte, sich irgendwie auf

sie ausrichtete. Das wurde aber nicht durch besondere Bewegungen oder irgendeine effekthaschende Haltung hervorgerufen, es war so, und wenn eine Gruppe Herren einmal in ein echtes Männergespräch verwickelt war, das nicht unbedingt für Damenohren bestimmt war, blieb ihnen das Wort im Halse stecken, sobald meine Mutter auftauchte, wie mir Hans Winter erzählte. Wenn ich dies nachträglich überdenke, muß ich wohl sagen: Sie hatte die Gabe, ohne Worte zu führen. Wie ein Magnet Stahlspäne immer in eine bestimmte Richtung lenkt, so hatte sie die Kraft, ihre Umwelt genauso zu lenken; und wie das Stahlspänchen nicht merkt, daß seine Spitze immer auf das gleiche Zentrum zeigt, so merkte auch ihre Umwelt nicht, daß sie sich ihr zuwandte. Vielleicht merkte meine Mutter selbst nicht einmal, daß sie der eigentliche Pol war.
Meine Mutter starb an Nieren- und Leberkrebs. Während der Operation wurde ein Blutgefäß, das auch bereits angegriffen war, so verletzt, daß man das Blut nicht mehr stillen konnte und sie innerlich verblutete. So war der Tod, der erste Tod eingetreten in meine Familie und somit auch ins Haus Schönwalde.

Ein halbes Jahr später, im Juni '42, begann ich als ›Aushilfslehrerin‹ in Schönwalde in der Dorfschule, die dem Kloster gegenüber lag, zu arbeiten. Ich übernahm die ersten vier Grundschulklassen in allen Fächern, nachdem ich zuerst ein paar Wochen zugehört und zugesehen hatte, wie man das machte, bei einer Lehrerin, die aus der Magdeburger Gegend zu uns versetzt worden war. Sie war eine ausgezeichnete Pädagogin, und nur deshalb und weil ich genügend Zeit hatte, ihr abzuschauen, was es abzuschauen gab, konnte ich Lehrerin sein, ich, die ich von Pädagogik nicht die leiseste Ahnung hatte. Als der Schulrat zum erstenmal inspizieren kam, wie es wohl um die Schönwalder Schule und seine Hilfslehrerin stünde, hatte er nichts auszusetzen an meinem Unterricht und dem Verhalten der Kinder, obwohl vier Klassen gleichzeitig in einen Raum gesperrt waren und beschäftigt werden mußten. Er war nur dagegen, daß ich weiterhin meinen Dakkel Biene mitbrachte, der zum Gaudium der Kinder meist still auf einer Bank saß, nun aber, durch den Schulrat aufgestört, sich verärgert durch Gebell bemerkbar machte. Von nun an mußte das Hündchen zu Hause und Analphabet bleiben.

Ein Gut, durch Parzellierung reduziert, durch den Krieg wieder abgerundet, wirtschaftlich fast rentabel geworden — was hieß das nach dem Tod meiner Mutter?

Ein alter Mann sitzt abends allein vor seiner Petroleumlampe, hört die Nachrichten im Radio, liest Zeitung, legt Patience. Hausdamen — meine Schwester Irene oder Tanten, die hin und wieder hereinsehen — versuchen eine Lücke auszufüllen, die nicht auszufüllen ist. Das Haus bleibt leer, auch Besuche täuschen nicht darüber hinweg, sie werden zudem seltener: drei von uns Kindern sind verheiratet, jeder hat seinen Platz gefunden. Nur der Jagdhund Treff oder Nimrod und der unsterbliche Dackel Hexe sind da und sicher auch ein anderes ewiges Fräulein Mimili. Früh am Morgen, im Sommer Viertel nach fünf, klopft Pallasz immer noch an die Tür des Herrenzimmers, geht hindurch bis dicht vor die Schlafzimmertür — das Schlafzimmer ist unverändert geblieben — und sagt: »Mojn, gnädjer Herr! Is soweit allens in Ordnung!« — »Wie ist das Wetter?« — »Immer noch dat Nieseln!« Und je nach Wetterlage entstehen daraus die Vorbesprechungen der Arbeiten des Tages: Ist der zweite Schnitt auseinandergeworfen? Ist es zu naß zum Eggen? Die Stute vom sechsten Gespann hat heute noch Ruhetag, wegen der Kolik von gestern.

Langweilt es ihn, ist er noch dabei, ist er noch in Bendomin, dieser alte Mann, der mit fünfzehn Jahren vom Berenter Gymnasium abgehen mußte, um eine Zimmermannslehre durchzumachen, der dann Baumeister wurde, weil die Zeiten für die Landwirtschaft zu schlecht waren und seine Mutter, die Hedwig Modesta aus Niedamowo, es so für richtig hielt, da ihr elterlicher Besitz, jenes herrliche Gut von sechstausend Morgen, versteigert wurde? Und was hat er dann fertiggebracht, dieser Mann, als er seinen Hof Groß Bendomin selbst wieder aufbaute, das Wohnhaus verdoppelte, so daß es siebzehn Zimmer hatte — und doch immer noch sehr klein aussah? Er spricht von jeder Maschine, die er sich kaufte, er erwähnt seine Kinder, er erzählt, wie seine Frau ihn im Krieg — im Ersten Weltkrieg — in Ostpreußen besuchte, er kam dann hinauf bis Wilna . . . Dieser Mann, der sich an alles erinnert, er spricht kein einziges Mal vom Tod seiner Frau. Er kann es nicht einmal aussprechen, daß sie gestorben ist. So tief ist die Wunde.

Dieser Mann, der gern brüllte, aus vollem Hals auf seinem Hof, auf den Treibjagden, wenn er seine Kommandos gab, er hat in seinem ganzen Leben nicht ein einziges Mal ein Wort gegen seine Frau gesprochen, nicht einmal einer Ungeduld kann ich mich erinnern. Ich kann mich nur daran erinnern, wie ich den ersten und auch den letzten Klaps in meinem Leben auf den Po bekam. Ich muß noch sehr klein gewesen sein, ich hatte mich nicht an die Regel gehalten, die Mittagsruhe meiner Mutter von eins bis drei Uhr nicht zu stören. Es war an Weihnachten, und ich fühlte mich sehr getroffen!

Ja, der Vater, nun 67 Jahre alt, regiert noch auf Bendomin, während Jochem, mein Bruder Joachim, von Irmgard, seiner Frau, in Groß Preetz sein erstes Kind erwartet — den Sohn Rüdiger. Mein Vater hat seinen Enkel. Aber dann, die Grenzen des Krieges sind weit hinausgeworfen, der Höhepunkt ist längst überschritten, da sollte noch einmal eine Wunde sein Herz treffen, die schwerer war als der Verlust der Heimat: der Tod seines einzigen Sohnes Joachim.
Bis zu seinem eigenen Tod im Jahre 1954, in dem Jahr, in dem du, mein Sohn Matthias, geboren wurdest, kam fast jedesmal, wenn wir uns trafen, wenn ich ihn bei meinen Schwestern in Oldenburg und Haselhorst in Westfalen, wo er abwechselnd lebte, besuchte und wir uns still nach dem Abendbrot gegenüber saßen, das Gespräch auf Jochem. Und jedesmal klagte er sich selbst an: »Hätte ich ihm Bendomin überschrieben, dann hätte er nicht eingezogen werden können, und er wäre noch am Leben.« Und ganz langsam stiegen ihm die Tränen in die Augen.
Als er nicht mehr radfahren konnte in Haselhorst, sich auch zu unsicher fühlte, noch auf die Jagd zu

gehen, da schenkte er mir sein Fahrrad, das sein einziger neuer Besitz war nach dem verlorenen Krieg.

»Das Altwerden ist eine schwere Arbeit, aber man kann noch lernen, warmen Dank abzutragen für all das Gute und Schöne, das man erlebte.« Dies sind Worte, die eine 96jährige Mutter, eine unserer Freundinnen, wenige Wochen vor ihrem Tod schrieb.

Mein Vater mußte diese Arbeit leisten, es wurde ihm nichts davon erspart.

Das letzte große Treiben

Heute, da ich euch Kindern dies erzähle, bin ich so alt wie meine Mutter, als sie starb. Ich liege im Garten am Chiemsee im Korbstuhl, der Himmel ist bedeckt, die Siamkatze plaziert sich zwischen die Geranien, und eine Amsel spaziert über den Rasen hin und zupft Regenwürmer aus dem Gras und schreit fortwährend: Tschiiip, Tschiiip — Katze, ich sehe dich. Die Katze leckt sich und denkt, wenn du schon so schreist und mich siehst, werde ich doch nicht meine Haxen bewegen und dir nachlaufen. Du bist sowieso schneller fort, als ich bei dir bin. Das geht so eine Weile, bis es beiden zu langweilig wird; der Vogel fliegt auf die Kiefer, die Katze geht ins Haus. Mich gucken sie an wie einen Gegenstand: Ach ja, das ist die, die uns Krümel oder Futter vor die Tür wirft, die ist völlig ungefährlich. Darüber kommt mit Gekreisch eine Möwe vom See geflogen, schlägt einen dreifachen Salto in der Luft — fängt sie plötzlich Libellen oder ist es ein Gruß an einen

Freund, dem sie imponieren will? Die Schwalben lassen sich durch nichts stören, sie segeln unbeirrbar durch den Himmel, kreuz und quer, pausenlos.

Fünfundzwanzig Jahre lebe ich jetzt hier am Chiemsee, sie sind vergangen wie ein Tag. Und ich denke zurück an Schönwalde. An das schönste Haus, das ich kenne, ein Haus, das mit größtem Kunstverstand eingerichtet war. Ja, dieses Haus stand in Westpreußen. Der Vater meines Schwiegervaters war Ende des 19. Jahrhunderts als kaiserlicher Kammerherr fast immer in Berlin, und da er einen sechsten Sinn für wertvolle Bilder, für Porzellan und Fayencen hatte, gelang es ihm, sein Schönwalder Haus mit all diesen Dingen ungemein geschmackvoll einzurichten, und ich war mit denen, die dort nun lebten, Nutznießer all dieser Schönheit. Flämische Stilleben von Pieter Claes, italienische Renaissancemöbel, kostbare Intarsienarbeiten auf französischen Kommoden, das alles gab es in verschwenderischer Fülle. Am meisten liebte ich eine Madonna Luca della Robbias aus seiner besten Zeit. Auf den Dielen standen riesige Barockschränke, ein echtes Biedermeierzimmer gab's im ersten Stock, und dabei war alles so wohnlich, so heimlich, so vertraut, daß man nie den Eindruck des Leblosen hatte, der einem in Museen alle solche Dinge merkwürdig entrückt. Es war ein durch und durch belebtes und bewohntes Haus vom Dach bis zum Keller . . .

Aber auf die Dauer reichte es eben doch nicht aus, nur darin zu leben, nur frische Blumen in Schalen zu füllen oder die Madonnen zu kopieren, zu jagen, zu graben, zu pflanzen, und da mich niemand als Frau von Malkwitz, die ich jetzt war, zu einem Kriegsdienst herangezogen hätte, so war mein Schuldienst von früh um acht bis zwölf Uhr mittags ein willkommener Ausgleich, der mir das Gefühl gab, nicht ganz unnütz zu sein.

Zum erstenmal im Leben verdiente ich selbst erarbeitetes Geld. Darauf war ich stolz, aber nicht, weil dieses Geld mir etwas bedeutet hätte — ich konnte mir auch so jeden Wunsch erfüllen —, im Gegenteil: weil es mir nichts bedeutete; wir waren zu Hause nie in Üppigkeit gebadet gewesen. War nun der Lebenszuschnitt in Schönwalde wohl großzügig, freizügig, urban, so hatte doch niemand luxuriöse Wünsche dort. Das mag sich leicht aussprechen, wenn man in solchem äußeren Rahmen von Schönheit leben darf. Aber vielleicht war es gerade dies, was eine innere Bescheidenheit nicht aufhob, nein, eher verstärkte.

Johann, spann an
drei Katzen voran
drei Mäuse hinten
wir fahren nach Zinten.

Johann spannte nicht an, wir stiegen in einen D-Zug in Richtung Königsberg, Teile der Familie fuhren im Auto: Manuels Bruder Herbert wollte heiraten. Er war mündig geworden, und durch diese Mündigkeit erbte er ein großes Gut im Kreis Thorn, da wollte er, seinen Bruder Manuel vor Augen, nicht länger alleine leben, er hatte sich in die Freundin seiner Schwester Helene verliebt, deren Eltern in der Nähe von Zinten ein Gut hatten. So wurde Traute von Markus unsere Schwägerin und zog mit Herbert auf das Thorner Gut. Herbert wurde schnell wieder eingezogen, als Flieger, und Traute, dem Alleinsein auf dem großen Gut ausgeliefert, siedelte zu uns nach Schönwalde über und gebar dort ihr erstes Kind.
Helene wiederum heiratete einen Vetter von Traute, auch einen von Markus, aus der Gegend von Zinten, und dieses Mal mußten die Zintener ihre Katzen und Mäuse vorspannen und zu uns kommen, um Hochzeit zu feiern.
Freude und Trauer, Geburt und Tod lagen in Schönwalde eng beieinander. Herbert heiratete vierzehn Tage vor dem Tod meiner Mutter. Hele-

nes Hochzeit mit Wilhelm von Markus wieder war an dem Tag, als der alte Kapitän v. R., der gute Onkel Klaus, in Schlochau starb. Dessen Frau war die gestrenge Tante Irmchen, Schwester meiner ›Schwiemu‹. Sie und ihr Mann lebten die letzten Monate bei uns im Haus. Eine überschäumend lustige Hochzeit von Helene und Wilhelm — und am nächsten Tag wurde der Saal frei für den umkränzten Sarg. Keiner der Älteren hatte der Jugend verwehrt, diesen Freudentag in Freude zu verleben, sie hatten alles getan, um das Sterben des Onkels zu verheimlichen, denn wir liebten Onkel Klaus alle sehr. Hochzeit und Tod — an einem Tag.

Tante Irmgard sollte in diesem Krieg noch zwei ihrer Söhne verlieren, nur einer überlebte. Und Wilhelm von Markus, Helenes Mann, verlor drei Brüder in diesem Krieg. Das war im Jahr '43.

Inzwischen waren auch Manuel und mein Schwiegervater eingezogen worden. Rosemarie von M. war unsere unermüdliche Stütze auf dem Hof und im Feld. Immer noch ging ich zur Dorfschule und unterrichtete. — Ich war gerade allein im Haus, als das Luftgaukommando anrief und durchgab, daß Herbert bei seinem ersten Blindflug in eine andere Maschine gerast sei. Die Insassen beider Maschinen waren tot, verbrannt.

Wieder stand ein umkränzter Sarg im Saal, wieder wurde ein Grab gegraben auf dem stillen Friedhof im Wald hinter der Hofanlage, diesmal für Herbert, wieder konnte ich die Fassung und Stärke der Familie bewundern, in der ich lebte. Ich will nicht sagen, sie bezwang den Tod, sie nahm ihn an in tiefem Schmerz, aber in einer Art und Weise, daß meine Achtung vor ihr noch mehr wuchs. Elf Tage später gebar Herberts Frau Traute ihr zweites Kind, einen Sohn, der auf den Namen seines Vaters getauft wurde.

Manuel, vom Wehrdienst einer Herzgeschichte wegen befreit, leitete wieder die Bewirtschaftung des Gutes, während mein Schwiegervater weiter als Offizier in Kurland war. So mußte ich den Schuldienst quittieren und den gesamten Haushalt übernehmen — meine Schwiegermutter mochte nicht mehr. Sie ging auf die Jagd, sie suchte Pilze, sie grub still in ihrem Gärtchen, sie übergab mir die Schlüssel für die Vorräte, sie wollte nicht mehr die Last des ganzen Gutsbetriebs auf ihren Schultern tragen. Ich mußte mich einüben, recht und schlecht. Daneben ging auch ich auf Jagd. Ich betreute das ganze Revier jenseits des Sees, an die tausend Morgen, schoß die Böcke minderer Klasse, machte die guten aus, für meinen Schwiegervater, wenn er auf Urlaub kam. Über meinem Schreibtisch hingen sie dann, die mageren oder mittelmäßigen Trophäen.

War ich Jäger aus echter Passion? Ich ging wohl gerne mit als Begleiter eines anderen auf die Jagd, sollte ich aber selbst zum Schuß kommen, war ich immer hin- und hergerissen vom Jagdfieber und vom Mitleid mit dem zu erlegenden Tier. Stolz und Trauer — Stolz auf den geglückten Blattschuß, Trauer um das tote Tier —, immer war beides zugleich da, nie war ich richtig froh. Nur einmal im Leben hatte ich einen ungeteilten Erfolg. Wir waren bei Rosemaries Eltern zur Jagd auf Sauen eingeladen, Manuel und ich. Der alte Herr von M. hatte in seinem Park einen riesigen Pappkeiler, der irgendwo an sicherer Stelle an einen Baum gelehnt stand, dann nahm er eine kleine weiße runde Pappscheibe und heftete sie in der Mitte mit einer Reißzwecke an den Keiler, dort, wo der Schuß sofort tödlich ist, also aufs Blatt. Er wollte bestimmt prüfen, wie's mit den Jagdkünsten der jungen Malkwitzerin stand. Ich besaß eine sehr gute leichte Büchse und ein ausgezeichnetes Zielfernrohr, das mir der Forstmeister Hoehne geschenkt hatte. Wir gingen ungefähr einhundertzwanzig Meter vom Ziel entfernt durch den Park, ich mußte anlegen und schoß. Die kleine Pappscheibe flatterte zu Boden, wir traten näher, um zu schauen, was los war. Ich hatte die Reißzwecke aus der Scheibe herausgeschossen, darum war sie zu Boden geflattert.

Dies war mein erster und letzter Meisterschuß, der mir reine Freude bereitete, und Manuel war so stolz darauf, daß er das durchschossene Papier noch lange in der Brieftasche trug.
Aus der Jagd selbst wurde leider nichts. Die Sauen waren am nächsten Morgen nicht da, sie hatten einen anderen Wechsel bevorzugt, und wir fuhren unverrichteter Sache wieder zurück nach Schönwalde.

Neulich hat mir geträumt, ich säße in Schönwalde in unserem großen Kaminzimmer, vor uns die Terrasse und der weite Blick auf den Blumfelder See. Meine Eltern waren bei mir, meine Schwiegereltern waren da, und wir alle unterhielten uns angeregt. Plötzlich guckte ich nach oben und sah, daß die ganze Zimmerdecke ausgemalt war. Barocke Putten hielten in plastischen Händen ein ovales Gemälde, und ihre gemalten Körper gingen in plastische Köpfe und Arme über. Ich war so verwundert, daß es mir fast die Sprache verschlug, und sagte zu meinem Schwiegervater: »Wie ist es möglich, daß unser Eßzimmer ausgemalt ist? Ich lebe nun schon so viele Jahre bei euch und habe es noch nie bemerkt. Immer hatten wir eine ganz weiße Zimmerdecke!« Der alte Malkwitz lächelte so leise und verspielt, wie er es sein ganzes Leben lang getan hatte, und sagte nur:

»Es war hier schon immer so ausgemalt, du hast die Putten und den Himmel nur nie gesehen!« Dies war der Traum. War wirklich beides schon immer da? Putten und gemalter Himmel und östliche Weite und Ebene? Sind meine Augen nicht groß genug, beides zu erkennen? Raum und Zeit schrumpfen zusammen, die Gestorbenen, meine Eltern, meine Schwiegereltern, sind sie immer noch bei mir? Genauso, wie zu ihren Lebzeiten?
Westpreußen und Bayern, Facetten einer Kugel, die ich in Händen halte und jede nur ein anderer Aspekt derselben Wirklichkeit? Sind Tod und Leben auch nur andere Aspekte derselben Wirklichkeit, die sich hinter den Dingen verbirgt?
Ach, ich muß euch eine kleine Geschichte von der Galanterie meines Schwiegervaters erzählen: Als ich schon viele, viele Jahre am Chiemsee lebte, meine Kinder schon fast erwachsen und meine Haare sehr, sehr grau waren, kamen meine Schwiegereltern uns einmal besuchen. Mein Schwiegervater trat mir entgegen, sah mir tief und zärtlich in die Augen, so, als wäre ich noch ein junges Mädchen und die Braut seines Sohnes, nahm meinen Kopf in seine Hände und sagte: »Weißt du, Modeste, du mußt einen vorzüglichen Friseur haben, kannst du mir nicht seine Adresse verraten? Wie macht er es nur, daß er ein Haar silbern färbt und das andere wiederum braun?« Und

in diesem einen Satz war die ganze Zeit eingefangen, die Zeit der Trennung, die Zeit des Sich-nicht-Wiedersehens und die Zeit des beiderseitigen Alterns. Und wenn seine über achtzigjährige Frau vor ihrem Tod sagte: »Ja, ich hatte es einfach, ich brauchte nur hinter ihm herzuleben«, so gibt das Auskunft über den Schutz und die Geborgenheit, die sie an seiner Seite empfand.
Eine glitzernde Kugel in meiner Hand, aus tausend Facetten zusammengesetzt — waren beide Güter, Bendomin und Schönwalde, Facetten derselben Kugel? Ich glaube, ja.

Wer war der erste russische Gefangene, den ich bei uns in Schönwalde auf dem Vorwerk sah?
Als es hieß, sie kämen, die Gefangenen, war alles dafür eingerichtet worden, einer großen Anzahl von Männern ein menschenwürdiges Obdach und Nahrung und Arbeit zu geben.
Bei dem schnellen Vormarsch der deutschen Truppen 1941 waren unzählige von Gefangenen gemacht worden, die man in großen Lagern zusammenfaßte. Aber ihre Unterbringung und ihre Ernährung klappten willentlich oder versehentlich nicht. Und das in dem Staat mit der perfektesten Organisation? Oder war die Organisation nicht perfekt?
Ich sah sie, die Männer, wie sie gebeugt über dem

Kartoffelfeld hockten, sie bewegten sich schwankend, langsam wie im Traum auf dem Acker zwischen Vorwerk und Gut. Manuel und ich waren spazierengegangen, wir kamen näher, ich blieb stehen, konnte keinen Schritt mehr vorwärtsgehen. Da holte der Vogt einen der Männer aus den Reihen. Er schwankte auf uns zu, seine Augen waren blicklos, und der Vogt piekte ihm mit dem Finger ins Gesicht, auf die Wangen unter den Augen — eine tiefe, weiße Delle blieb in seinem Fleisch: ein Hungerödem. Dann schickte der Vogt den Gefangenen wieder zurück, und so stumm, wie er gekommen war, wandte der Russe sich ab.

Sie konnten zu Anfang kaum Nahrung bei sich behalten. Sie konnten kaum gehen, sie konnten sich nur setzen und dort, wo sie saßen, sitzen bleiben. Sie kamen aus deutschen Gefangenenlagern im Spätherbst 1941. Das Kommando, das sie auf unser Gut verlegt hatte, rettete ihnen vermutlich das Leben.

»Ist's Hammelchen fett?« hatte mein Vater mich als Kind oft gefragt und auch so gepiekt, als ob er prüfen wollte, ob ich schon schlachtreif sei, wie man es bei den Tieren tat.

Im Haus hatten wir zwei, ja manchmal drei Ukrainerinnen zur Hilfe, junge Mädchen, sie waren aufgegriffen und nach Deutschland zur Arbeit verladen worden. Mit einem Bündelchen voller Armseligkeiten traten sie bei uns ein. Sie kamen nicht freiwillig. Eine von ihnen war Philologiestudentin und hatte ein Kind. Sie kannte Dantes ›Göttliche Komödie‹, den ›Cid‹ und vor allem Goethes ›Faust‹, von dem ich lange Passagen auswendig gelernt hatte; aber sie kannte ihn viel besser als ich.

Als wir später auf unseren Treckwagen saßen, weinten sie alle, die ›Ostarbeiter‹. Denn sie selbst waren sich nicht sicher, was sie erwartete, wenn die russische Armee sie nun wiederum befreien würde: Sibirien? Oder endlich, endlich Heimkehr, nach Jahren der Zwangsverschickung die Heimkehr in die Familien? Was war von ihren Familien noch übrig? Wer war von den Ihren noch am Leben? Sie weinten aber nicht deshalb, sie weinten, weil sie uns mochten und weil sie das Schicksal kannten, dessen Weg wir nun gingen, sie kannten es aus eigener Erfahrung, und sie waren alle politisch so klug, daß sie wußten, für uns würde es keine Heimkehr geben.

Wußten wir es?

Wir wußten es seit Ende 1939, seit jenem denkwürdigen Tag, an dem das zivile NS-Reich seine Herrschaft über uns antrat. Aber wir hatten es nicht wahrhaben wollen, wir wollten nicht glauben, was wir wußten — wie hätten wir auch sonst

weiterleben und arbeiten können? Und wußten es immer noch nicht, als wir schon hoch auf den bepackten Treckwagen saßen.
Wer war er, der erste russische Gefangene, den ich sah? Er war unser eigenes Abbild. Wer waren sie, die Mädchen, die um uns weinten? Immer sahen wir dem anderen ins Gesicht und erkannten uns selbst nicht darin.

Fast fünf Jahre durfte ich in Schönwalde leben. Es waren glückliche Jahre. Wir lebten genauso wie die Bendominer im toten Winkel des Krieges, die Ostfront war noch so weit von unseren Grenzen entfernt, daß die Männer des 20. Juli auf einen Vergleichsfrieden hoffen konnten, der einem Untergangsfrieden zuvorkam. Nur so war für uns ihr vergeblicher Versuch erklärbar. Die Westfront und die Südfront waren mit sich selbst beschäftigt. Niemand schickte seine Bomber bis nach Westpreußen, und die Westdeutschen waren vor den Bomben zu uns geflüchtet. Es wurde gesät und geerntet, es wurde Holz geschlagen, es wurde Torf gestochen. In Bendomin bekam immer noch jede Familie ihr Stückchen Moorland zugewiesen, zwischen Wollgras und Heidekraut, ihr Deputat an Brennmaterial, das sie selbst aus dem Moor holte, und war so mit Feuerung für den Winter eingedeckt. Niemand litt Not. Auch

die Flüchtlinge aus dem Ruhrgebiet, aus Berlin, aus Hamburg, sie mußten sich zwar mit dem Wohnraum einschränken, aber sie lebten alle in Frieden, und alle hatten genug zu essen. Auch unsere russischen Kriegsgefangenen hatten sich schon lange erholt und sahen aus wie Menschen, die wieder einen Sinn in ihrem Leben gefunden haben.
Jeder Überschuß an Ernten und Erträgen mußte abgeliefert werden, das wurde kontrolliert, und bei Unterschlagungen gab es Strafen, aber das war eigentlich bedeutungslos. Im Vergleich zum Leben in anderen Gegenden Deutschlands und in den vom ›Reich‹ besetzten Gebieten glich unser Dasein — nun besonders, nachdem wir uns daran gewöhnt hatten: es ist Krieg! — noch immer einem Paradies. Die einzige Spur, sichtbare Spur des Krieges waren leuchtende Geschosse oder Raketen, Kometen gleich, mit langen, glühenden Schwänzen, die den Abendhimmel überzogen und ein makabres Schauspiel boten; doch auch darüber wußte man nichts Genaues. War es Hitlers Wunderwaffe, waren es Erprobungen der sagenumwobenen V 2, gab es eine Abschußrampe in der Tucheler Heide? Wenn es tatsächlich jene Geschosse sein sollten, die bis nach England flogen und dort Verderben und Zerstörung hinbrachten — konnte uns das noch retten?

Manuel ging ganz und gar in seiner Landwirtschaft auf. Er versuchte das Beste zu leisten; Öl und Benzin wurden immer knapper, aber noch konnten die Trecker fahren und alle Maschinen laufen, noch konnten wir unser Haus mit Koks heizen, und niemand fror — bis in den letzten Winter hinein, den wir so ausgiebig mit Treibjagden und Festen erfüllten wie nie zuvor. Wir feierten Abschied.

Im Dezember 1944 war Treibjagd in Groß Preetz. Ich bewunderte meinen Bruder zum erstenmal in Uniform, zwei Wochen vorher war er eingezogen worden, und Irmgard mußte den Hof allein bewirtschaften. Ich traf alle Nachbarn wieder, die zu Bendomin gehörten, und wir waren sehr glücklich zusammen. Mein Bruder Joachim, schäkernd mit seinem Sohn Rüdiger, den er auf dem Arm trug, als noch froher Jagdherr — ich sah ihn zum letztenmal in meinem Leben. Ebenso meinen Patenonkel Hans Winter aus Alt-Grabau. Herr Herder aus Lubahn ging nicht mehr auf Jagd, es war ihm zu beschwerlich. Ein Vierteljahr später waren er und seine Frau von den Russen erschossen. Mein Vater marschierte noch tapfer mit seinen 69 Jahren die Treiben mit. Meine Schwester Irene und ich waren mit unseren Jagdscheinen schon lange keine Ausnahme mehr, und die Herren hatten sich daran gewöhnt, daß wir als

Jäger unsern ›Mann‹ standen. Jagdkönig sind wir aber nie geworden, wir wurden ja auch nicht unbedingt dorthin geschickt, wo man die größte Strecke erwartete. Schließlich wußte jeder Jagdherr ganz genau, ›wie der Hase lief‹.
Weihnachten verlebten wir still, und die stumme Frage schwebte über uns allen: Würde dies unser letztes Weihnachten in der Heimat sein? Und die leise Antwort, die wir uns gaben, lautete: Ja, es ist unser letztes Weihnachtsfest zu Hause.

Es hatte sich schon länger eingebürgert, daß am 14. Januar, an meinem Geburtstag, auch Treibjagd in Schönwalde war. So konnte man zwei Feste auf einen Tag legen. Die weit entfernt wohnenden Nachbarn kamen mit ihren Frauen und Kindern, sofern diese Lust und Zeit hatten. Sie blieben zur Nacht — Platz war immer noch genug vorhanden —, und es wurde eigentlich immer ein Fest rund um die Uhr.
Am 12. Januar 1945 war die deutsche Front am Baranow-Brückenkopf in einem starken russischen Gegenangriff zerrissen worden, und die russischen Panzer waren weit nach Westen vorgestoßen. Damit war der deutsche Widerstandswille und auch jede Widerstandskraft des Heeres und der gesamten Wehrmacht zerbrochen. Es gab nichts mehr, woran man noch eine Hoffnung

hätte klammern können. Und die Flutwelle des Grauens, die den Osten hatte zerstören sollen, schlug mit einer ungeheuren Brandungswelle zurück und fegte von der Ostsee bis zu den Karpaten mit Eis- und Schneestürmen, mit Panzern, Heereszügen und Heeresmassen in breiter Front die gesamte deutsche Bevölkerung bis über die Weichsel, über die Oder und einen großen Teil noch weit über die Elbe hinaus, aus Höfen und Hütten, Wäldern und Verstecken, aus Städten und Dörfern, aus Schlössern und Gärten — hinaus ins Nichts.

Wir feierten die Treibjagd im gewohnten Stil, wie eh und je: die Erbsensuppe glühheiß am Mittag irgendwo an einer geschützten Stelle im Wald, dazu gab's knusprige Brötchen. Die Strecke lag auf dem frischen Schnee, roter Schweiß, Blutstropfen wie Rosen in weißem Kristall. Es waren fast alle gekommen, die eingeladen waren, und niemand war darunter, der den Wehrmachtsbericht und seine Bedeutung zwei Tage vorher nicht verstanden hätte. Nachmittags gab's Tee mit Rum und Gebäck und am Abend das heiße Bad, das lange Kleid, die Maréchal-Nil-Rosen aus dem Gewächshaus in silbernen Blumenschalen auf der langen, ausgezogenen weißgedeckten Tafel, zu Beginn die Tasse Borschtsch — eine kräftige klare rote Brühe aus Rindfleisch, Kohl und roten

Rüben mit einem Schuß saurer Sahne —, dann den gebackenen Hecht, die Pute, das Eis, Käsegebäck und dazu die köstliche Mischung aus Rotwein und Sekt, von der man soviel trinken konnte, ohne zu merken, wie beschwipst man zum Schluß war. Dann: Mokka, Kognak, das alles bei Musik — meistens von Platten auf einem Grammophon —, Bridge, Zigarren, Zigaretten, Tanzen im Saal und Unterhaltung in allen Räumen. Und dann wieder Rotwein und Sekt, es war ein besonderes Geheimrezept meines Schwiegervaters, diese rote Mischung mit einem Hauch Zitronenschale und einem Hauch von Nelkenduft. Aus den tiefen Gläsern mit dem Goldrand, die doppelt soviel faßten wie gewöhnliche Weingläser, trank sich's so schnell und gut.

Das war es also, unser Fest, das Fest derer, die noch zu Hause waren. Doch in der Ferne rollten schon die ersten Treckwagen, und kaum einen Tag später trafen sie bei uns ein. Blanker Schnee, klirrender Frost, sternklare Nächte deckten die Erde wie bisher. Er ging zu Ende, dieser 14. Januar 1945, er ging über in den Morgen der Wirklichkeit, wo auch wir uns besannen und unsere Sachen zu ordnen begannen, verzweifelt überlegend: Was ist von Wert für das, was uns bevorsteht? Auf dem Hof wurden Wagen gerichtet und mit Sitzbänken ausgerüstet. Große Gestelle, auf die Planen und Teppiche genagelt wurden, kamen über die Gummiwagen. Jeder Wagen wurde mit einigen Zentnern Hafer beladen, damit wenigstens in den ersten Tagen Futter für unsere Pferde da war und sie nicht schlappzumachen brauchten. Das war wohl zunächst das Wichtigste. Das Zweitwichtigste: Stroh, die Füße darunter zu stecken; Kochgeschirre; Lebensmittel, die nicht verdarben; und in allen unseren Leuten den Gedanken sich einnisten lassen: »Ihr müßt fort, auch ihr könnt nicht bleiben. Nicht der Gutsherr, der Junker allein muß trecken — ihr müßt auch fort, ihr, ihr Arbeiter, denn ihr seid deutsch wie wir!«

Was aber dachten, redeten, überlegten sie, unsere Leute? War es dies: Das ist unser Tod! Das wird unser Tod sein! Seht ihr nicht die Wagen, die bei uns durchfahren, und wie die Insassen um Quartier bitten? Sind eure Augen zu, eure Ohren verstopft? Sie bitten um Quartier für Lebende und Tote. Seht ihr nicht die Mütter, die uns den Säugling in ihren Armen entgegenreichen und um ein Grab flehen, ein Grab in der harten Erde, um ein Grab für ihr Kind, das sie mit ihrer Leibeswärme nicht am Leben halten konnten bei diesem Schneesturm und diesen Kältegraden? Und Tag für Tag passieren neue Wagen ein, rollt Treck für

Treck an, und wieder bittet eine Mutter um ein Grab! Wollt ihr es nicht sehen? Sollen wir unsere Kinder auch so in den Tod schicken, sie mit aufpacken zum Ende? Nein, nein, dann lieber hier sterben! Wer wird uns was tun? Hier haben wir noch zu essen und eine warme Stube ...

Keine vierzehn Tage geht das so hin und her, die Straßen werden zu eng, Wagen hinter Wagen fährt nach Norden, der Küste zu, um dem Mittelstoß der Russen zu entgehen, die bald in Schneidemühl sind. Wo soll das hin? Wohin soll das? Kolonnen von deutschem Militär, dazwischen die Trecks, Kolonnen von Gefangenen, die ebenfalls nicht dem Russen in die Hände fallen dürfen, dazwischen die Trecks, im Osten Geschützdonner. Und nur ganz vereinzelt dann und wann mal ein Flugzeug mit dem schwarzen Balkenkreuz — wo ist denn unsere Luftwaffe? Und der Volkssturm, ja, mein Gott, wir haben ja den Volkssturm! Und was soll der tun? Gräben ausheben bei dem Frost, daß die russischen Panzer nicht rüberkommen? Dem russischen Panzer oder dem deutschen Treck, wem verlegen wir den Weg? Dem flüchtenden deutschen Soldaten? Der russische Panzer braucht ja nur im Bogen herumzufahren ... Für wen sprengen sie die Brücken und fällen die Bäume, all die alten Männer, die so lange krumm hinter dem Ofen saßen und nur noch leichteste

Arbeit auf dem Hof zu tun vermochten? Und was sollen die Jungen, die noch Kinder sind, was sollen sie mit der Panzerfaust — sich selbst töten? Ja, das ist es, sich selbst töten und den russischen Panzer zerstören, der ihn, den Jungen mit der Panzerfaust in der Hand, unter seiner Kette zermalmt. Ja, fahren sollen wir, aber wohin? Warum gibt uns niemand die Erlaubnis zu fahren, jetzt, da es vielleicht noch gefahrlos wäre? Aha, die Kreisleitung entscheidet das — aber wer sagt es der Kreisleitung? Aha, der Gauleiter — ist er denn noch im Lande? Hat er sich nicht längst in Sicherheit gebracht?!
Wer ohne ausdrücklichen Treckbefehl — was heißt hier Befehl? ›Treckerlaubnis‹ heißt das schöne Wort; es wird eben alles umgedreht! —, wer ohne Treckbefehl auf die Straße geht und sich und sein Dorf zu retten sucht, wird erschossen. Von wem? Von den Russen? Keineswegs — von uns, von den Deutschen, Befehl von Himmler.

Treck-Tagebuch

Es wird immer kälter, der Russe ist kaum noch zwanzig Kilometer von uns entfernt. Ein Treck zieht vorbei, der nächste folgt — der eine in dieser, der andere in jener Richtung, doch meist zur Küste hin. Und das Vieh, das in den Ställen bleiben muß — keiner darf es schlachten, es wird verhungern, ach, es ist ja gleich ... In tausend Kilometer Breite hat sich ein Volk auf den Weg gemacht, um zu fliehen, zu fliehen vor dem sicheren Untergang — wohin?

Es mischen sich Soldaten und Zivilisten, gefangene Franzosen, gefangene Russen, gefangene Amerikaner, fahnenflüchtige Deutsche, gefangene Engländer dazwischen. Manchmal ziehen heile Truppenteile vorbei und wieder Trecks mit Müttern, die für ihr Kind auf dem Arm um ein Grab bitten, Panzer, Flugzeuge — wie lange soll das gehen?

Es geht nicht lange so, Nacht für Nacht hängen wir am Telefon, das zwischen Manuels und meinem Bett steht, und telefonieren mit der Kreisleitung: »Wann gebt ihr den Weg frei?« Schließlich, in der Nacht zum 26. Januar, ist es soweit, das sind genau zwölf Tage nach meinem Geburtstag, zwölf Tage, die wir durchs Haus irrten, guckten, packten, auspackten, einpackten — nur was zum Überleben nötig ist, darf mitgenommen werden. Alles andere muß bleiben! Wofür? Für unsere Rückkehr? Für unsere Heimkehr? Was glauben wir, was wissen wir? Wir wissen nichts mehr. Am Morgen des 26. Januar ist der Schneesturm so stark und die Kälte so groß, daß alle unsere Leute sich weigern, den Treck zu beginnen. Wieder gehen kostbare 24 Stunden verloren. Wenn der Himmel kein Einsehen hat, werden wir nicht von Schönwalde fortfahren. Die Russen werden uns einholen.

Der Himmel hat ein Einsehen. Der 27. Januar ist ein klarer Tag, nur noch vereinzelte Flocken fallen, Straßen, Gräben, Felder sind eine einzige glatte weiße Ebene. Vier Pferde werden vor jeden Gummiwagen gespannt. Auf einem Wagen, dem von Maria, Manuels jüngster Schwester, und mir, wird noch ein kleiner Herd aufgestellt, damit wir uns mal was Warmes zubereiten können. Matratzen, alle Betten und Decken, totes Federvieh, das wir im letzten Augenblick geschlachtet haben, wird noch obendrauf geworfen, dazu die steifgefrorenen Hasen von der Treibjagd. Warum haben wir eigentlich nicht zehn Rinder oder Schweine geschlachtet und das Fleisch gleichmäßig unter alle verteilt? Ach ja, es stand Strafe drauf, mehr zu schlachten, als vom Staat erlaubt war! Hatten wir alle verlernt, selbst zu denken? Ja, wir hatten es. Und wie ich durch meine Räume gehe, oben im ersten Stock, da stehen schon deutsche Soldaten und reißen meinen Schreibtisch auf und plündern. Anscheinend haben sie nicht gemerkt, daß wir noch gar nicht fort sind. Mein Gott, all die schönen kostbaren Dinge, sollst du sie hier lassen, habe ich gedacht? Und im letzten Augenblick ergreife ich meine sechs Madonnen, Kopien der Nazarener nach Raffael und Sarto, aus dem Eßzimmer, und die schöne Waldheim, und mogele sie mit auf den Wagen zwischen die Matratzen. Dabei blickt mich die Äbtissin aus dem 14. Jahrhundert weiter streng aus ihrem Goldrahmen an, ungerührt. Mein Schwiegervater aber, der Fayencen gesammelt hat, kostbare Porzellane, Zinn und alte Tabaksdosen aus friderizianischer Zeit, schließt sie in seinen Safe. Für wen? Was machen wir uns vor, in diesem Augenblick der Not? Ach, ich kann es nicht schildern, nicht alles aufzählen ... Auf den Treckwagen kommt ein ausgedienter Sessel für den Hund Frigga — und die

echten Stühle, mit echtem Gobelinbezug, bleiben an Ort und Stelle.
Endlich ist alles auf die Wagen verteilt. Peitsche und Zügel in die Hand, wir fahren, und ich habe nur einen Gedanken im Herzen: Wenn ich doch einen Benzinkanister in die Hand nehmen dürfte und das Haus an allen vier Ecken begießen und anzünden, daß es unbesudelt unterginge und verbrennte, wie wir ... Neben mir steht meine Büchse, Manuel und ich haben uns versprochen, wenn wir in die Hände der Russen fallen, so wollen wir versuchen, uns vorher zu erschießen.
Ja, das ist alles, wir fahren.
Hinter uns bleibt der Hof zurück, weinende Russenmädchen, stumme Männer winken uns nach.
Der Schweizer hat einen jungen Zuchtbullen, den will er unbedingt mitnehmen. Das arme Tier kommt nur zehn Kilometer weit, dann sind die Hufe wund und blutig, es bleibt im Wald stehen, und der Schweizer weint.

Am Vorwerk schließen sich Riedlers an mit ihren Wagen. Wir sind nun wohl insgesamt fünfzig bis sechzig Pferde, ein Trecker und einhundertundfünf Menschen, und der Wind weht weiter von Osten, weht, weht — weht die Straße zu, die wir fahren, verwischt unsere Spur, bis neue Trecks sie aufreißen, Wagen an Wagen sich die Deichseln hinten in ihre Kästen rammen, Fluchen, Zerren, Weinen! Es ist Nacht geworden. In den Straßengräben stehen Russen, Gefangene, sie haben kleine Eimerchen in der Hand, Holzkohlen glühen darin, sie wiegen sich hin und her und summen Lieder, treten dabei langsam von einem Fuß auf den anderen und wärmen die Hände an der Glut. Und in der Glut garen Kartoffeln, die sie fanden oder die man ihnen schenkte. Wagen auf Wagen leuchtet rot auf, sobald er an ihren Feuern vorbeifährt. Die leise Melodie ihres Gesanges bleibt im Ohr hängen.

Schlochau ist leergefegt. Verlassene, eingeschneite Panzer, Lastwagen an den Straßenrändern. Vermummte, gebeugte Menschen ziehen auf einem Rodelschlitten ihre letzte Habe zur Bahn — wohin soll ein Zug sie noch bringen? Ist Schneidemühl noch frei? Die Strecke nach Berlin noch nicht von den Russen abgeschnitten? Auch ihnen bleibt doch nur der Weg nach Norden offen — vorläufig wenigstens.

Der Schnee knirscht, die Pferde schnauben, meine Hände sind langsam vor Kälte gefühllos. Das Thermometer sinkt bis unter minus 15 Grad. Immer mehr Trecks stoßen auf unsere Straße. Wir müssen halten. Eine Viertelstunde lang, dann geht's fünfzig Meter weiter vorwärts. Erneut ist die Straße verstopft, es heißt: eine Stunde halten.

So quälen wir uns durch die Nacht. Hinter Barkenfelde haben wir unsere Anschlußwagen verloren. Fremde Wagen hatten sich zwischen unseren Treck geschoben. Keiner wußte, wo es Quartier gab, keiner wußte vom anderen. Da, an einer Kreuzung schließlich, steht einer unserer Wagen, und um halb fünf Uhr biegen wir auf einen Gutshof ein. Pferde und Menschen sind nach achtzehnstündiger Fahrt total erschöpft und ausgekühlt. Wir legen uns dicht irgendwo in einem leidlich warmen Raum in unseren Pelzen auf den Boden, trinken Schnaps und schlafen ein.
Als wir von Schönwalde abfuhren, war die Verbindung nach Bendomin und Groß Preetz bereits eingestellt. In Bendomin lebten, vor den Bomben in Berlin geflüchtet, Tante Käthe Eder, die Oberschwester aus dem Virchowkrankenhaus, und Tante Marie, Vaters Schwester. Meine Schwägerin Irmgard war mit Rüdiger allein in Preetz, von meinem Bruder Joachim, ihrem Mann, gab's damals schon keine Nachricht mehr. Meine Schwester Irene mußte zwangsläufig die Verantwortung in Bendomin übernehmen. Wie würden sie all diese Tage und Wochen überstehen?

Schafhütten, den 5. Februar 1945

Jetzt sind wir eine Woche unterwegs, das Ziel ist die Küste, um der Umklammerung durch die russischen Armeen zu entkommen. Ostpreußen war ja bereits vor unserm Aufbruch durch einen russischen Heereskeil vom ›Reich‹ abgeschnitten, Danzig noch frei.

Die Straßen waren so hoffnungslos verstopft, daß man in acht Stunden ungefähr vier Kilometer vorwärtskam. Es war alles sinnlos geworden. Himmler hatte daraufhin eine Trecksperre befohlen: Wer als Zivilperson auf den Straßen zu sehen ist und fährt, wird erschossen! So mußten alle Trecks in ihrem jeweiligen Unterschlupf bleiben. Manuel und Klaus v. R., der letzte Sohn von Tante Irmchen, fuhren heute nach Neustettin, um dort um eine Weiterfahrerlaubnis zu kämpfen und den letzten Wagen unseres Trecks, der sich immer noch nicht eingefunden hatte, zu suchen — mit der Familie Redschlag.

Gestern spürte Manuel endlich Riedlers auf. Sie waren uns auch abhanden gekommen. Zuerst war ihnen der Wagen zerbrochen, dann waren sie eine glatte Böschung hinuntergestürzt, und der Wagen mit der ganzen Last lag auf den armen Alten. Soldaten, die zufällig in der Nähe waren, gruben sie unter Schnee und Hausrat wieder aus. Frau Riedler hatte nur leichte Quetschungen, doch waren beide so erschöpft und verstört durch den Unfall und die Ungewißheit, wo sie sich nun weiter hinwenden sollten und ob sie uns je wiederfinden

würden, daß sie dauernd weinten. Dem alten Riedler liefen die Tränen unaufhörlich über die Backen, als er uns wiedersah. Der Kutscher, der den Trecker fuhr, befand sich auf einem Nachbargut. Die Schwiegereltern waren in Sch., einem Rosenstilschen Gut, und wir telefonierten mit ihnen.
Der Wehrmachtsbericht ist gerade noch erträglich, wir sind schon froh, wenn der Russe nicht täglich fünfzig Kilometer weiter nach Westen vordringt. Wahrscheinlich wird morgen die Trecksperre aufgehoben, unser Quartier ist inzwischen so voll geworden, daß wir wieder alle zusammen, wie Heringe, nebeneinander auf dem Boden schlafen: Else, Maria, Manuel, Klaus, Rosemarie, Tante Irmchen, Fräulein Gidde und ich. Der Menschenschlag, der hier wohnt, ist angenehm offen und fröhlich und sehr hilfsbereit.
Sonderbarerweise denkt man, kaum daß man aus der direkten Schußlinie heraus ist, gar nicht daran, daß auch diese Menschen, bei denen wir jetzt wohnen, genauso gefährdet sind wie wir und daß sie morgen vielleicht schon ebenfalls ihre Wagen packen und besteigen müssen.

Schloß Lassehne, den 12. Februar 1945
Das Wetter ist milder geworden, der Schnee beginnt zu tauen, unser Ziel ist und bleibt die Küste.

Wir wollen an der Küste entlang bis nach Usedom und Wollin, weil wir die Hoffnung schon aufgegeben haben, daß ein Übergang bei Stettin über die Oder noch möglich ist. Wir nehmen an, der Russe wird schneller dort sein als wir.
Unser nächstes Ziel ist das Schloß Lassehne dicht bei Kolberg; drei über siebzigjährige Fräulein von Wedel stehen diesem Schloß vor. Die jüngste und lebendigste von ihnen, eine Baroneß Nolken, floh 1919 aus dem Baltikum hierher. Genauso altertümlich wie die Damen ist die gesamte Einrichtung des Schlosses. An den Wänden hängen Porträts von Markgrafen, Ministern, Hofmeisterinnen, alle in großer Toilette. Eine unendliche Ahnenreihe. Möbel aus Urvatertagen, die Dielenbohlen biegen sich bei jedem Schritt, Schranktüren pendeln lose im Zugwind. Im Saal lagern die Russen, die mit uns getreckt sind, und wir machen — allen Protesten zum Trotz, damit alle sich einmal richtig aufwärmen können — Feuer im Ofen, der seit achtzig Jahren nicht mehr geheizt worden ist.
Nachmittags gehen Manuel und ich zum Strand, nach fünf Minuten sind wir auf einem hohen, mit knorrigen Kiefern bestandenen Dünenkamm. Unser Dackel Biene springt voran und sucht in unzähligen Kaninchenbauen nach lebendiger Beute. Hellgrün und gelb zerfrorener Sandhafer

wogt und schimmert über die Dünen, dahinter liegt in grauem Dunst die Ostsee und schlägt mit kurzen Wellen gegen eine Mauer von Schnee und gefrorenem Schaum. Wildenten fliegen auf, als wir uns nähern. Wir drehen um, und vor uns liegt wieder der klassisch schöne Bau von Lassehne, liegen wieder die Straßen, und das Elend zerreißt einem das Herz: Wagen an Wagen rollen in langen Reihen, stehen, rollen wieder, es ist noch immer alles hoffnungslos verstopft, an ein Vorwärtskommen nicht zu denken.

Unterwegs

Gestern wurde ich gezwungen, mit meinem ganzen Treck allein weiterzufahren — ein Wachtmeister hatte die Nerven verloren und schickte uns nach Kolberg. Ich ließ Posten zurück, damit Manuel und Klaus, die in der Zwischenzeit auf Quartiersuche vorausgefahren waren, uns wiederfinden konnten. Als wir umdrehten, brach wie üblich eine Deichsel, und schließlich kamen wir im Stockfinstern hier an, Menschen, Pferde, kleine Kinder, restlos erschöpft, und ich — nach den vergeblichen Kämpfen mit den polizeilichen Organen, die mehr Unordnung als Ordnung stifteten, und dem verzweifelten Suchen nach den anderen Wagen — ziemlich entnervt.

Abends, wenn ein Quartier gefunden ist, die ständige Bitte um Kartoffeln, das Huhn wird gerupft und die obligate Hühnersuppe gegessen. Heute war's nun das letzte Mal, denn das restliche Federvieh wurde uns geklaut und ist in einen andern Magen gewandert. Jetzt haben wir noch ein paar Hasen von der Treibjagd am 14. Januar. Aber noch froher sind wir, wenn wir in ein Quartier kommen, wie's uns am 14. Februar bei Woedtke auf Woedtke passierte: zum erstenmal weiß bezogene Betten, zum erstenmal einen gedeckten Tisch! Zum erstenmal eine häusliche Atmosphäre ... Woedtke war 1939 in Schönwalde einmarschiert, er hatte Malkwitzens ›befreit‹. Wir wurden aufgenommen, wie man sich's in kindlichen Träumen vorstellt.

Manuel erfuhr bei seinen abendlichen Telefonaten, daß beide Familien von Markus aus der Nähe von Zinten heil über das Haff entkommen sind und Wilhelm, Helenes Mann, mit zwei Ostpreußenstuten den Weg bis Kolberg reitend geschafft und täglich 80 Kilometer zurückgelegt hat.

Der Wehrmachtsbericht ist nicht mehr zu hören, da ganz Pommern keinen Strom mehr hat. So können wir jetzt nur noch unserer Nase und unseren Karten und aufkommenden Gerüchten nachfahren.

Der Malkwitzsche und v. Markussche Treck ha-

ben sich bei Thaddens in Triglaff getroffen. Helene wollte mit ihrer kleinen Nora ihre Eltern gerne erreichen, die nach Waterneverstorff in Holstein vorgefahren waren, um dort für den großen Treck Platz zu halten. Ein Militärauto sollte sie mit ihrem Kind noch über die Oder bringen. Aber kein Militärauto kam. So beschloß Helene nach langem Überlegen schließlich, mit Wilhelm, ihrem Mann, weiterzureiten, während Frau von Markus und die Gräfin Stolberg die kleine Nora betreuen sollten — kein leichter Entschluß!
In Triglaff vereinigen sich unsere beiden Trecks; das nächste gemeinsame Ziel sind die Grafen Fleming in Benz.
Frau von Markus, die ja durch Kolberg gezogen ist, berichtet, daß auch dort alles auf Verteidigung eingestellt ist. Auf den Straßen Barrikaden aus Leiterwagen, es sieht aus wie zur Zeit des alten Nettelbeck. Soll der russische Panzer etwa vor dem Leiterwagen umdrehen? Vieh wird auf die Festung getrieben, sieht aber nicht mehr sehr fett aus. Selbst auf der Straße von Danzig nach Zoppot werden alle dicken Bäume angesägt, damit im Ernstfall schnell die Chausseen abgesperrt werden können. Die schöne Langfuhrer Allee, die ich so oft Hand in Hand oder Arm in Arm mit irgend jemand auf und ab spaziert bin — sie sollte Danzig retten?

Nachdem sich all unsere Trecks vereinigt haben, sind wir auf 29 Wagen angewachsen. An der Spitze fährt immer Klaus von R. mit seiner Mutter, Tante Irmchen, in einem leichten Wagen, einen guten Traberhengst vorgespannt. Dann kommen unsere Russen, dann Schönwalder Wagen. Manuel fährt meistens den Trecker und uns voraus, den großen Gummiwagen mit alten Frauen und kleinen Kindern beladen, um genau wie Klaus Quartier zu machen. Es folgt dann der Zintener Treck.

In Benz werden wir fürstlich aufgenommen, aber nicht nur wir, auch unsere über hundert Leute. Wir schlafen in weißen Betten, trinken Rotwein am Kamin und vergessen bei Graf Stolbergs lustigen Geschichten Krieg, Zukunft und Vergangenheit. — Vierzehn Tage später waren Flemings auch nicht mehr auf Benz, es war inzwischen von den Russen besetzt worden.

Wollin, den 19. Februar 1945

Ich fange jetzt an, das Treckfahren zu genießen, ich sitze auf dem Bock und lasse mir mal den sanften, mal den eisigen Frühlingswind ins Gesicht blasen. An manchen Tagen scheint die Sonne. Neulich verstieg ich mich sogar dazu, mit Trudchen Dobrin zusammen ein Lied zu singen: ›Prinz Eugen, der edle Ritter . . .‹ Die Leute, die

uns begegneten, blieben stehen. Ein Flüchtlingswagen voller Gesang! Unerhört!
Von Dievenow nach Wollin, einem armen Städtchen: hier bekommen wir alle Einzelquartiere! Und alle kommen wir in Betten, manchmal sind sie sogar weiß bezogen. Wir liegen in Quartier bei einer kleinen Kaufmannsfrau mit vier Kindern, deren Mann zuletzt bei Warschau gekämpft hat. Sie schenkt mir Kaffee und Seifenpulver — Kostbarkeiten!
Die Fahrt über die Inseln ist eintönig, große Strecken fahren wir durch Wald, ab und zu schimmert das Haff von links durch die Bäume. Der Boden ist arm. Die Menschen sind eher abweisend, in Swinemünde sogar unangenehm. Das Übersetzen über die Peene geht glatt und dauert für den ganzen Treck nur zwei Stunden. Wir verlieren unseren Dackel beim notwendigen Auf- und Absteigen von den Wagen und müssen drei Kilometer zurückfahren, bis wir ihn finden.
An der Fähre steht eine kleine verhärmte Frau, die mich nach ihrem Kind fragt, das bei Englers im Kreis Berent sein soll. Aber wir wissen ja schon seit unserer Abfahrt nichts mehr von den Landkreisen südlich Danzig. Ich erzähle ihr unsere Erlebnisse, sie mir die ihren, die so ungleich härter sind. Kurz ehe Westpreußen abgeschlossen war von den Russen, fuhr sie nach Königsberg, um

ihre Schwiegereltern dort abzuholen. Sie kam unter großen Mühen mit ihrem kranken Vater auf ein Schiff, wo sie, auf Stroh gepfercht, bis nach Gotenhafen (Gdingen — Gdynia) fuhren, verfolgt von russischen U-Booten. Unterwegs nahmen sie Versinkende der ›Gustloff‹ auf, die mit fünftausend Frauen und kleinen Kindern, von Königsberg kommend, torpediert wurde. Achthundert Menschen wurden gerettet, die anderen viertausendzweihundert ertranken in der Ostsee.

Das Essen wird immer knapper. Tante Irmgard v. R. lassen wir in Swinemünde, wo sie noch eine heile Wohnung hat. Am Abend wollen wir nach Ziethen zu dem Grafen Schwerin, doch das Quartier ist besetzt. Die Klein Spiegeler Wangenheims liegen dort mit über hundert Menschen. Ich begrüße sie alle. Tante Anni ist bleich und verstört, und bei ihrem Anblick wird mir zum erstenmal ganz klar, daß nicht nur wir auf der Flucht sind, sondern daß *alle* fliehen müssen, daß keiner verschont bleibt. Sie löffeln gerade von roten Zelluloidtellerchen Kartoffelsuppe. Eine große Schüssel mit rohem Sauerkraut verführt zum Reingreifen. Ich verschlinge einige Bissen, stottere ähnliche Abschiedsworte wie sie und fahre unseren anderen Wagen nach zu Malchus in Menzlin, wo

wir laut und gut und freundlich aufgenommen werden und man zum erstenmal ein Herz für unsere vielen Hunde hat, die sich mächtig ausfuttern. (Die Hunde müssen überall eine Plage sein mit ihrem Durchfall, sie sind vor Aufregung alle krank.) Die Fahrt nach Menzlin ist entzückend: weite Blicke über ebenes, dunstüberspanntes, fruchtbares Land. In der Ferne die Türme von Anklam, einer ohne Dachhaube, von Bomben getroffen.
Kaum ist man westlich der Oder der direkten Lebensgefahr durch die Russen entflohen, kommt man in den Machtbereich der Bomber. Von nun an ist jede Nacht Alarm. In der Ferne hört man die Bombeneinschläge in Stettin oder anderswo.

Wohin soll das führen? Manchmal fragt man sich, wozu man überhaupt fährt! Die Suche nach Quartier wird immer schwieriger. Vor uns, hinter uns Kolonnen von Tausenden von Gefangenen, die die Straßen versperren und alle Quartiere belegen. Ruhetage kann man kaum noch einschalten, weil die Räume schon wieder für die nächsten Wanderer ohne Ziel und Heimat freigemacht werden müssen.
»Mit Mann und Roß und Wagen, so hat sie Gott geschlagen« — dieses Mal sind wir die Geschlagenen. Die meisten Gefangenen gucken uns gleich-

gültig an. Sie sind so müde wie wir. Die Amerikaner fallen durch gute Kleidung und saubere Hände auf, die meisten tragen Armbänder. Neulich fuhren wir an 1400 serbischen Offizieren vorbei, ihrer konnte man sich kaum erwehren, sie bestürmten die Wagen und wollten tauschen: Kaffee, Schokolade gegen Brot. So ziehen wir zwischen lauter Fremden. Keine Nacht mehr, da wir nicht unter ein paar hundert Gefangenen auf einem Hof übernachten. Keine Straße, auf der man nicht ihre Spuren sieht: Konservendosen, kaputte Schuhe ... Unser Essen wird weiterhin knapper, besonders schwer ist es, Pferdefutter zu erhalten. Die Pferde sind sehr schlapp, sie laufen nur noch unwillig. Drei Pfund Hafer pro Tag und etwas Heu, dazu täglich dreißig Kilometer laufen, das ist ihnen zuviel.

In Anklam bekommen wir zum erstenmal Lebensmittelkarten für unseren Treck, und wir kaufen Butter, Wurst, Gries, Nudeln. Sogar Rohöl für den Trecker besorgt Manuel, den wir sonst stehen lassen müßten.

Duckow, den 24. Februar 1945

Gestern waren es vier Wochen her, daß wir von zu Hause losfuhren; wenn mir einer gesagt hätte, wir wären ein Jahr unterwegs, so hätte ich es auch geglaubt. Die ewig wechselnden Bilder — so rasch in ihrer Folge — sind plastisch, wie auf einer Drehbühne. Als wir heute durch Staffenhagen fuhren, wurde mir dies so recht deutlich. Kleine Häuschen säumen die Straßen, quadratische Fenster mit nach außen zu öffnenden Flügeln sehen in den Wind, und dahinter drücken sich unzählige Kinder die Nasen platt, schieben die Gardinen zur Seite und rücken an den Blumentöpfen. Kleine und Große, Mütter, die vom Küchenherd gelaufen kommen, alte Männer, die ihre Zeitungen fortlegen, alle schauen auf unseren Zug. Zittrige Mütterchen öffnen die Haustür und stehen mit nickendem Kopf und blassen Augen auf ihrer Schwelle. Jungen laufen neben uns her, und bei den kleinen Mädchen verklären sich die Gesichter, wenn sie die Hunde sehen: »Och, en Hund is och mit!« Bei den älteren Leuten springt sofort Abwehr in die Augen: Ach, Hunde bringen die auch noch mit! Und ein klein wenig Verachtung drückt sich darin aus über das jämmerliche Dasein, das wir führen. Unser Anblick reißt ja auch jeden aus seiner vertrauten Bequemlichkeit, auch den Mecklenburger, durch dessen schönes Land wir heute gegen den kältesten Wind fahren. Für sie, die Leute hier am Straßenrand, sind wir noch kein alltäglicher Anblick, gehören wir doch mit zu den ersten Trecks, die so weit nach Westen vorgedrungen sind.

Tarnow, den 1. März 1945
Ist das sauber und blank zwischen all den Minings und Trinings und Lüttens! Man kann hier auf dem Fußboden schlafen und liegt genauso sauber wie im Bett. Man hätte in Westpreußen sein können, an einem warmen Apriltag, die Haselkätzchen schaukeln gelb im Wind, die Vögel singen. Aber hier ist es erst März. Die Sonne wärmt einem die schon von Natur aus roten Backen. Treckfahren ist das beste Schönheitsmittel für bleiche, eingefallene Gesichter. Täglich sechs bis sieben Stunden in den Westwind fahren, das strafft. Unsere Treckkinder springen von den Wagen, pflücken Kätzchen und schmücken damit die Pferde!

Waterneverstorff, den 7. März 1945
Allem zum Trotz war unser Treck ein glücklicher Treck, und es erwies sich als Segen, daß unsere Schwiegereltern in so rasender Eile vorausgefahren waren. Sie hatten Abstand genug zu erkennen, daß die Flut von Menschen, die weiter in den Westen drängt, so ungeheuer groß ist, daß man mit keinem Raum, mit keinem Dach rechnen konnte, das einem Unterschlupf bot. So waren sie tatsächlich die ersten bei ihrem Freund Graf Waldersee in Waterneverstorff und konnten für hundert Menschen Quartier machen. Ja, der Graf

freute sich fast, daß er nun zusätzlich eine Menge spezialisierter Arbeiter für seinen Hof gewinnen konnte. Und wir wurden so liebenswürdig aufgenommen, daß man glaubte, man hätte endgültig eine neue Heimat gefunden. Dabei ist's ja nur ein Übergang, der aber durch die ungeheuer feinfühlige Gastlichkeit der Waldersees und aller Menschen, die dorthin verschlagen worden sind, uns so leicht gemacht wird, wie man es sich kaum vorstellen kann. Und wir darüber vergessen, daß wir Bettler sind. Die Vergangenheit ist ausgelöscht, die Zukunft: Hoffnung.

Ja, wir sind ein glücklicher Treck gewesen, auch der letzten Gefahr, dem langen Stau vor der Travemünder Fähre, der die Bomber so sehr verführte, dort ihre Bomben abzuwerfen, sind wir entgangen. Kein Kind ist gestorben, kein alter Mensch den Strapazen erlegen, die verlorenen Wagen haben wir immer wieder gefunden, wir hatten keine Feindberührung und unsere Büchsen hinten auf den Gummiwagen geworfen, achtlos. Ein winziges Opfer brachten wir: Mein Dackel Biene wurde von einem Auto überfahren — wo doch eigentlich gar keine Autos fuhren —, und unsere reizenden Wirtsleute unterwegs wollten mir zum Trost ihren dicken Kater schenken! Soviel Liebe gab's.

Die Holsteinische Schweiz ist ein schönes Land, zur rechten Hand der Strand, die Ostsee, weiter drinnen: Wälder, Seen, Hügel, heitere Backsteinstädtchen, Eutin, Lütjenburg. Bis Lütjenburg war Vater Malkwitz seinem Treck entgegengefahren. Über Stöfs ging's, von hier schweifte der Blick hinunter bis zum Schloß und Hof Waterneverstorff, hinten am Horizont der Leuchtturm von Neuland, dazwischen der große Binnensee und ein breiter Dünenstreifen. Ein gestrandetes Schiff liegt an der Küste, Knicks teilen die Felder in kleine Stücke und sollen den Wind brechen. Dörfer, Backsteinhäuser mit tiefgezogenen Strohdächern und kleinen weißumrandeten Fenstern und schmalen Gärtchen davor. Wohnhaus und Stall befinden sich meistens in einem Haus, langgestreckt, nur durch eine Trennwand geschieden. Viel Weiden, wenig Felder, schmale Wege, an deren Rändern auch Knicks wachsen. Holstein ist etwas Neues, anderes. Ich stehe an der Ostsee, schaue hinaus aufs Meer: Es ist doch das gleiche Wasser, das in Zoppot die Küste umspült.

Doch immer noch ist Krieg. Wir sind 38 Tage gefahren, inzwischen ist es Frühling geworden, Krokusse blühen und Forsythien, und die Haselkätzchen stauben über die Wege. Am letzten Tag mußten wir 60 Kilometer fahren, ein anderer

Treck hatte sich bei Waldersees angesagt, wir mußten die ersten sein. Wir waren die ersten und konnten so Heimat finden, für uns ein Übergang, für unsere Leute in vielen Fällen tatsächlich eine neue Heimat. Die Dobrins, die Lowens (Lowen wird wieder Schmied), die Bakens (Baken wird wieder Vogt), Fräulein Gidde (sie wird wieder Buchhalterin), unser Kutscher wird wieder Kutscher, und Mariechen, unser gutes Stubenmädchen, wird Stubenmädchen der Gräfin; sie springen ein für Fehlende und finden eine neue Aufgabe. Ja, selbst Klaus v. R. zieht Saatzucht im großen Stil auf.
Wir laden unsere paar Sachen aus, Gummiwagen, Trecker und Pferde verschwinden zunächst in den Walderseeschen Ställen, bis wir auf einer eigenen kleinen Pachtung, dem Hof Neuland am Leuchtturm, wieder Boden unter die Füße bekommen und uns mit unserer restlichen Habe selbständig machen. Am 8. Mai hat das gesamte deutsche Heer kapituliert. Die Stunde Null war erreicht! Keine Phrasen können mehr darüber hinwegtäuschen, daß Deutschland unter Hitler seinen Untergang gefunden hat.

Nachrichten über Bendomin und Preetz

Irmgard, die Frau meines Bruders, flüchtete am 28. Januar 1945, also einen Tag nach unserem

Aufbruch in Schönwalde. Sie stieg zusammen mit ihrer Mutter, die mit ihrem Treck aus Alt Thorn zu Irmgard geflüchtet war, in Berent in einen Viehwaggon, den kleinen Rüdiger an der Hand, ein ungeborenes Kind unter dem Herzen. In denselben Tagen verließen Berent unter ähnlichen Umständen Tante Marie, die Schwester meines Vaters, und Tante Käthe, die Schwester meiner verstorbenen Mutter. Beide Frauen hatten Zuflucht vor den Bomben auf Berlin in Bendomin gesucht. Jetzt blieb auch für sie nur noch der Weg nach Kolberg und die Hoffnung, dort noch Züge nach dem Westen zu bekommen. Irmgard bekam einen Zug nach dem Westen, und Nachricht von ihr gelangte zu meiner Schwester Sabine in Oldenburg, der einzigen in unserer Familie, die wohl ihre Heimat verloren hatte, nicht aber ihr Zuhause — ihre Adresse war der Knotenpunkt, über den wir überhaupt voneinander etwas erfahren konnten. Tante Marie, die Schwester meines Vaters, wurde unterwegs so krank, daß sie in einen Lazarettzug nach Berlin gebracht werden sollte. Aber es gingen weder Züge noch Lazarettzüge mehr nach Berlin, und so transportierte man die arme Marie zurück nach Danzig, während es Tante Käthe noch möglich wurde, Berlin zu erreichen. Irmgard mit ihrer Mutter und dem Treck ihrer Schwester landete in Bokel. Am 27. April

1945 gebar Irmgard ihren zweiten Sohn, Horst. Von meinem Bruder Joachim war keine Spur mehr zu finden.

Mein Vater hatte beschlossen, seine Heimat nicht zu verlassen, er wollte in Bendomin sein Ende erwarten, und nur das intensive Zureden aller Nachbarn und der Vorwurf, er könne seine Tochter Irene nicht dem sicheren Untergang weihen, bewogen ihn schließlich, doch zu trecken. Mein Vater erzählte mir später: »Am 6. März 1945 mußten Irene und ich unsere geliebte Heimat Groß Bendomin verlassen. Abends um sieben kam Dr. Becker und sagte, wir müssen trecken, da der Russe in Neukrug ist. (Neukrug ist sechs Kilometer von Bendomin entfernt, an der Chaussee nach Danzig.) Wir fuhren mit fünf Wagen und zwanzig Pferden um neun Uhr abends ab und kamen erst um zwölf Uhr in Alt Grabau an (wieder sechs Kilometer), da die Wege verschneit und von Militär verstopft waren. Am 7. März fünf Uhr früh fuhren wir von Grabau weg über Karthaus nach Pempau, wo wir über Nacht blieben. Am 8. März fuhren wir wieder ab und kamen nach Schäferei bei Oliva, wo wir bis zum 10. März blieben und dann morgens nach Oliva zu Hans Neubauer treckten, der war aber schon fort. Am 14. März zogen wir zu Flier nach Danzig. Am 21. März fuhren wir nach Neufahrwasser zu Ohlenberg. Am 24. März fuhren wir mit dem Dampfer um 7 Uhr 20 nach Hela und fuhren von dort weiter nach Saßnitz auf Rügen, wo wir am 26. März um sieben Uhr ankamen. Von dort ging's nach Rostock und Celle, und am 29. März kamen wir um zehn Uhr nachts bei Sabine in Oldenburg an.«

Ungefähr am 15. März wurde Vaters Schwester Marie in ihrem Lazarettzug nach Danzig zurückgeleitet. Dort hat sie wohl in einem Kino sitzend einige Nächte verbracht und kam dann in eine Baracke nach Danzig Langfuhr, Färberweg 33.
Hier brach die Ruhr aus, und viele starben. Tante Marie starb am 27. März 1945. Sie ist fast die ganze Zeit, die mein Vater in Danzig auf eine Fluchtmöglichkeit wartete, auch in Danzig gewesen. Keiner wußte vom anderen. Sie wartete auf ihren Tod. Sie hat noch ihren drei Kindern einen kleinen Abschiedsbrief geschrieben, weil sie ahnte, daß es mit ihr zu Ende ging. Dieser Brief ist in der Baracke von Hand zu Hand gegangen, und der erste, dem es von wenigen Überlebenden gelang, in den Westen zu kommen, konnte den Brief abliefern. So erhielten Ilse und Traute Paetzold und ihre Schwester Ruth Nachricht vom Tod ihrer Mutter.

Am 5. April morgens — es war Manuels Geburtstag — ließ mich die Gräfin Waldersee zu sich in ihr Zimmer rufen. Sie hielt mir ein Telegramm entgegen, auf dem stand, daß Vater und Irene heil im Westen angekommen waren. Ich hatte an eine Rettung nicht mehr geglaubt, da ich es kaum für möglich gehalten hatte, daß so spät noch Schiffe von Hela gingen und eine Chance da war, mitgenommen zu werden. Pferde, Wagen und alle Habe blieben in Neufahrwasser am Kai stehen. Mein alter Vater war also hier. Und sieben Tage vor seiner Ankunft war ihm sein zweiter Enkel geboren worden.

Meine Schwester Irene hatte mit seiner Rettung eine Heldentat vollbracht, der sie sich selbst nie ganz bewußt geworden ist. Ging es doch darum, unseren Vater dem Tod zu entreißen, dem er schon beide Hände gegeben hatte. Er wollte nicht fort von Bendomin, er wollte nicht fort von seinen Gräbern. Er wollte dort bleiben, wo er geboren und aufgewachsen war, dort, wo er sein Leben gelebt hatte, sein Leben mit seiner Frau und seinen Kindern.

Von nun an mußte er sozusagen sich selbst hinterherleben. Eine Heimat hat er nicht wieder gefunden.

Der Schatz

Es liegt ein Schatz verborgen
in Bendomin.
Wer wird so tief graben,
daß er auf ihn stößt?
Wer wird ihn erkennen?
Wer wird ihn finden?

Links neben dem Bendominer Wohnhaus, mitten im Garten, stand ein kleines Häuschen, bestehend aus zwei Räumen. Der eine Raum hatte einen Ziegelfußboden und einen hohen gemauerten Ziegelofen, es mußte also vor undenklichen Zeiten dort auch jemand gewohnt haben. Der andere Raum war der Torfstall, der im Sommer, wenn der Torf knochentrocken war, bis zur Decke damit gefüllt wurde. Fuhre auf Fuhre wurde dort abgeladen und eingelagert, bis er zur Tür wieder herauskullerte. Das war der Brennvorrat für unsern Herd und unsere Öfen. Kohlen durften nur mit Sondergenehmigung verheizt werden, und gelegentlich gab's diese nur für die Lokomobile, die den Dreschkasten trieb. In dem anderen Raum brüteten in Kisten und Kasten, Bienenkörben und zersägten Tonnen die Glucken in einem tiefen Strohnest unsere Hühnchen, Putchen und Entchen aus und auch die scheuen wilden Perlhühnchen. Im Winter waren dort die Gartenmöbel untergestellt.

Interessant war dieses Häuschen aber wegen seines großen, sehr tief in die Erde gebauten Gewölbekellers. Eine breite Ziegeltreppe führte hinab in die immer gleichbleibende Kühle; leere Flaschen lagen in den Ecken, die Heringstonne und das Sauerkrautfaß fanden hier die richtige Temperatur. Ein paarmal im Jahr verkauften wir die Heringe an unsere Leute, das Stück zu vier Groszy, glaube ich.

Als mein Vater das Bendominer Haus zu Beginn seiner Ehe um acht Zimmer erweiterte — eigentlich kann man sagen, verdoppelte —, wurde ein neuer Keller ausgehoben. Und hierbei stieß man auf einen Keller, der noch unter dem neuen lag. Ich vermute, daß jener tiefe Keller ursprünglich eine Verbindung zu dem kleinen Nebenhäuschen hatte. Mein Vater berichtete mir später: »Ich habe aus dem Gedächtnis einen Lageplan von Groß Bendomin und die Grundrisse vom alten Wohnhaus und vom Anbau und Umbau des Hauses gemacht. Im Grundriß vom alten Haus ist auch der Keller, mit dem Keller unter dem Keller, verzeichnet. Hier soll unter der Treppe vom zweiten Keller ein Schatz vergraben sein. Wo der zweite Keller noch unter dem jetzigen Niveau ist, habe ich keinen Zementfußboden gelegt, und man kann denselben noch freilegen. Aus dem Grundriß ist die Lage ersichtlich.«

Den Plan dieses Kellers habe ich nie gefunden, obwohl mein Vater ihn aus der Erinnerung erst nach dem Krieg zeichnete. Sicherlich ist er als bedeutungsloses Fitzelchen Papier in irgendeinem Ofen gelandet, in den kalten Jahren nach der Flucht.

Eines Tages werdet ihr, meine Kinder, euch auf den Weg machen und in das Land fahren, aus dem ich stamme. Ihr werdet neue Straßen fahren, Straßen, die ich nie kannte, denn als wir deutsch wurden, hatten wir Krieg und unternahmen keine großen Touren per Auto mehr durch die Lande. Als wir die Heimat verließen, schlugen wir nicht den geraden Weg ein, sondern flüchteten so nördlich wie möglich an den Küsten entlang, um den Russen nicht in die Hände zu fallen und vielleicht noch einmal ein neues Leben beginnen zu können.

Ihr werdet über Frankfurt, Küstrin, Landsberg,

Deutsch-Krone (oder Schneidemühl) und über Barkenfelde, unser erstes Nachtquartier auf dem Treck, fahren, und keiner dieser Orte wird mehr einen deutschen Namen tragen, bis Firchau und Schlochau hin. Hinter diesen Orten begann damals Polen, der ›polnische Korridor‹. Und erst von hier ab kann ich euch die Namen der Orte auch auf polnisch sagen, die ihr zu durchfahren habt. Gleich hinter der Grenze, der ehemaligen Grenze, findet ihr an der Chaussee nach Chojnice (Konitz) das Gut Schönwalde, und ihr werdet das Kloster sehen, und Nonnen und Mönche werden euch freundlich begrüßen, und wenn ihr sagt, unsere Mutter, das war mal die junge Frau von Malkwitz, die Frau von Manuel, und drüben in der Schule hat sie ein paar Jahre lang unterrichtet, so werden sie euch einladen, bei ihnen zu übernachten. Kein Vampir wird mehr nachts um zwölf aus der Gruft steigen und die Hunde im Kloster und vielleicht auch euch zausen und Unglück über die Lebenden bringen — er ist ja längst enthauptet und sein Kopf zwischen die Füße gelegt, und seitdem ist Frieden im Dorf und um das Geschlecht, dem der Tote entstammte.
Ihr geht zum Gutshaus hinauf, das inzwischen renoviert ist — auch dort soll man übernachten können —, und ihr werdet auf der Terrasse stehen und den Blick zum Blumfelder See schweifen

lassen und denken, dies ist also der Osten. Und vielleicht wird euch ein fernes Heimweh ergreifen, Heimweh nach etwas Unbekanntem, das doch in euren Adern pulsiert.

Und dann werdet ihr weiterfahren auf der Chaussee Chojnice—Koszczerżyna nach Norden, nach Berent; aber so heißt es schon lange nicht mehr. Ihr fahrt durch ein armes Land, ihr fahrt durch Kusseln, Sand, Moor, an Kiefern und an Seen vorbei, rechts liegt die Tucheler Heide, aber bald seid ihr in Berent und fragt nach dem Friedhof und nach Gräbern, die es nicht mehr gibt. Und zehn Kilometer hinter Berent, an der Chaussee nach Danzig (Gdansk) überquert ihr in einer Schlucht ein kleines Rinnsal, das ist die Ferse. An den Hängen steht Wald, ihr fahrt den Berg hinauf, dreihundert Meter, dann biegt ihr nach links in einen Weg ein, rechts und links bereits umgeben von Bendominer Gelände, einen Kilometer lang, und am Ende dieser Straße liegt es, das Gut Groß Bendomin.

Immer noch steht an der Chaussee nach Berent ein Pfahl mit dem Schild: ›do Będomin — 1 km‹. Die Pflasterstraße, die mein Vater bauen ließ, ist geteert. Keine Pferdehufe mit blanken Eisen schlagen bei scharfem Trab Funken aus den Steinen. Die Schonung, die mein Vater anpflanzte, dort, wo blaue oder gelbe Lupinenfelder wie ein

Teppich den Sand bedeckten und Schwaden schweren, süßen Duftes über den Weg zogen — dort stehen nun Bäume, und in einer Lichtung, gleich neben dem Wegweiser, ist ein freier Platz, auf Sandsteinplatten errichtet die Büste von Josef Wybicki: ›do Będomin — 1 km‹.
Die Sonne steht am Horizont, der Roggen blüht, und der Wind weht euch gelben Blütenstaub ins Gesicht und hüllt euch ein, und die ganze Welt duftet nach frischem Brot: das ist der Pollenstaub des Roggens. Und die Tautropfen auf den Wrukenblättern leuchten noch einmal wie glitzernde Perlen im rosigen Dämmer. Der Wagen biegt ein, fährt auf den Hof, durchs Gartentor die Allee hinauf vor die Holzveranda. Und wie im Traum hört ihr die Käuzchenlieder aus den Lindenkronen und den auf- und abschwellenden Ton der quakenden Frösche aus den Wiesen an der Ferse. Ihr seid daheim.

Wybicki ist nach hundertsiebzig Jahren wieder eingezogen in das Haus, in dem er geboren wurde. Heute ist es ein Museum. Der polnische Staatschef Gierek selbst war zur Einweihung erschienen, und nun halten Busse und Pkw dort, wo das Rondell lag, und Schulklassen gehen wispernd durch die Räume, bestaunen Bilder und Pergamente und denken, wie Generationen vor

ihnen: Noch ist Polen nicht verloren! Sie danken Wybicki für dieses Lied, für ihre Nationalhymne.
Von 1868 bis 1945 schützte und pflegte und erweiterte die Familie Weidendahl dieses Haus und diesen Hof mit seinen Feldern und Mooren. Nun ist das Land in einzelne kleinere Höfe aufgeteilt, und viele unserer ehemaligen Arbeiter sind ihre Besitzer. Wybicki hat unser Haus gerettet, und auch er wird weiter den Schatz hüten, der unter seinem Fundament verborgen liegt.

Am nächsten Morgen macht ihr euch auf, und wenn ihr durch den Garten geht, findet ihr die alte Eiche, eine Schaukel hängt daran, und ein Kind schaukelt und sieht euch mit fragenden Augen an und denkt — auf polnisch natürlich —, was wollen die denn hier? Sie schauen so merkwürdig, als suchten sie etwas, als suchten sie etwas anderes hinter den Dingen, die sie sehen. Und wenn ihr lange genug herumgewandert seid, wird euch schließlich ein Erwachsener fragen: Was suchen Sie hier? Wir waren früher eine Schule und sind jetzt ein Museum. Und ihr werdet sagen: Hier ist ein Schatz vergraben. Unser Großvater lebte hier, unsere Großmutter, hier lebte unser Urgroßvater mit seiner Frau und unsere Ururgroßmutter, die noch vor Napoleons Tod gebo-

ren wurde und gerade sieben Jahre alt, als Wybicki Bendomin aufgeben mußte und starb.
Ihr werdet nach den Namen unserer Arbeiter von damals fragen, und vielleicht gibt es noch einen aus der Familie Kropidlowski oder Pallasz oder Hinz oder Lipinski, die sich an die Kleine von damals, die kleinste Weidendahl, erinnern.
Ihr werdet an den See fahren und euch wundern, wie winzig er ist, denn ihr habt die Ausmaße des Chiemsees im Kopf. Der See liegt wie eine glänzende Perle unberührt zwischen den waldigen Hängen. Libellen surren über seine Fläche, gelbe Schwertlilien, Schilfkolben und Erlenzweige spiegeln sich am Uferrand. Der Bussard zieht weite Kreise, und die Schwalben schießen dicht über dem Wasser hin und her — Mücken gibt's genug, denn hinter dem Ginster und dem Heidekraut beginnt das Moor. Ihr werdet ein Boot finden und auf die Mitte des Sees rudern und über den Rand des Bootes auf den stillen, dunklen Spiegel schauen, und euer eigenes freies Gesicht wird euch anblicken — kein Vineta werdet ihr finden. Aber ihr seid ja nicht ausgezogen, Vineta zu suchen auf dem Grunde des Sees.
Doch vielleicht bringt ihr einen Schatz mit nach Hause, von dem ihr bisher nichts ahntet, von der Weite und Durchlässigkeit dieser Welt.
Am Nachmittag setzt ihr euch ins Auto und fahrt

durch die Barkoschiner Heide nach Barkoschin. Gegenüber dem See liegt der Hügel mit dem alten Friedhof, vor euch habt ihr die rote kleine Backsteinkirche mit dem spitzen Turm. Ihr steigt den Friedhofshügel hinauf, und vielleicht findet ihr dort eine Blutbuche, die nun vierzig oder fünfzig Jahre alt ist.

Zwei Meter östlich von der Buche legt ihr einen großen Strauß Immortellen nieder, denn hier ist die Stelle, wo wir die Urne meiner Mutter beisetzten, ihr Grab.

Ihr wißt nicht, was Immortellen sind? So steigt vorher in der Heide aus dem Auto, geht ein paar Schritte in die Kusseln, dort wachsen sie, winzige hellgelbe Strohblumen, die Blüten wie Röschen, aus denen man früher Kränze flocht und ins Zimmer hängte, sie duften bitter, herb und süß. Die Stengel sind niedrig, die Blätter schmal, hellgrün und haarig, damit sie auf dem Sand, auf dem sie wachsen, gegen das Austrocknen geschützt sind.

Und wenn ihr, meine Kinder — du, Matthias, du, Andreas, und du, Modeste —, mich fragt: Mutter, warum willst du nicht mit uns fahren und uns all dies zeigen und uns führen — das wäre doch zehnmal schöner, als wenn wir allein durch das Land deiner Kindheit reisten! —, so muß ich euch an den merkwürdigen Spruch erinnern, der auf das Leukoplasttäschchen gestickt war, das bei

Tante Toni in Danzig auf dem Toilettentisch im Kristallschälchen lag: ›Ich heile alle Wunden, nur die Liebe nicht.‹

Diesen Spruch habe ich nie vergessen, wahrscheinlich, weil ich ihn nie begriff. Heute endlich verstehe ich ihn und verstehe auch, daß es eine Liebe gibt, die eine offene Wunde bleibt. Jetzt erst ist dünner Schorf auf der Wunde, verheilt ist sie nicht — und führe ich mit euch, so hätte ich Angst, sie würde wieder aufbrechen.

Aber ich will, daß diese Wunde sich schließt, weiter schließt, bis endlich nur noch eine kleine Narbe bleibt, ganz unscheinbar, und ich sagen kann, lächelnd, so wie die Märchen beginnen:

Es war einmal
ein Rittergut in Westpreußen
und das hieß
Groß Bendomin